CM Groß

Jakobsweg 75 bis zum Ende der Welt

Pilgertagebuch
von Carla Maria

DRS – FRA -SCQ

4/2024

14 Tage Jakobsweg mit 4 Kilogramm Gepäck

Bibliografische Information der Deutschen Bibliothek:
Die Deutsche Bibliothek verzeichnet diese Publikation in der Deutschen Nationalbibliographie; detaillierte bibliografische Daten sind im Internet über < http://dnb.ddb.de >abrufbar.

Impressum

Books on Demand GmbH

Umschlaggestaltung: CM Groß & BoD
Zeichnung CM Groß

Kontaktadresse: Pilgertagebuch70@emailn.de

Herstellung und Verlag: BoD – Books on Demand, Norderstedt

ISBN 9783758368219

FSC www.fsc.org
MIX
Papier aus verantwortungsvollen Quellen
Paper from responsible sources
FSC® C105338

Danksagung

Ich bedanke mich bei meiner Familie und allen meinen Freunden, die mich mental begleiteten und mit motivierenden Worten,

"Du schaffst das!",

unterstützten, dass dieses Buch als Anregung für die nächsten Pilgerer so schnell erscheinen konnte.

Ein ganz besonderer Dank gebührt meiner Tochter Daniela und meinen Hundefreunden Hannelore und Toni, die mir bei der Fertigstellung des Buches halfen.

CM Groß

Inhaltsverzeichnis

Teil II Portugiesischer Jakobsweg

Einleitung

Mein Pilgern auf dem Jakobsweg war eine Erfahrung fürs Leben.
Nach den vielen Berichten über diesen legendären und spirituellen Pilgerpfad empfand ich mit fast 75 Jahren den starken Wunsch diese Reise ins "Ich", zu unternehmen.
Anfang April 2023 wollte ich die 100 Pflichtkilometer auf dem Französischen Jakobsweg antreten. Bereits im November 2022 buchte ich die Flüge über Zürich nach Santiago de Compostela. Was dabei alles schief ging und ich deshalb Hilfe von einer jungen Pilgerin erhielt, die außer ich, niemand gesehen haben will, könnt ihr im ersten Teil des Buches unter Anreise nachlesen.
Warum sage ich du und ihr? Auf dem Jakobsweg sprechen wir uns immer so vertraut an, weil wir das gleiche Ziel verfolgen, "Buen Camino", um nach Santiago de Compostela, zu pilgern und da unsere Pilgerurkunde zu empfangen.
Neben meiner Flugreise buchte ich auch noch bei einem örtlichen Reiseveranstalter die Unterkünfte und die Gepäcktransporte. Mich kosteten diese 12 Tage 2 500 €.
Und damit hatte ich mich in eine Abhängigkeit begeben. Die Tagesziele waren vorgegeben. Ich übernachtete in den vorgeschriebenen Hotels.

Das heißt, ich musste weiter pilgern, auch wenn meine Kräfte nachließen, und ich war abends in der Regel in meinem Hotelzimmer einsam, meistens mit Badewanne.

Diese Erkenntnis kam mir erst, als ich die zweite Pilgerreise im April 2024 nach Santiago de Compostela angetreten hatte.
Dieses Mal erfolgte die Anreise mit einem deutschen Flugunternehmen über Frankfurt, wie geplant. Ich nahm nach meiner Ankunft im Flughafen Santiago den Bus 6 A für sechs Euro. Bereits nach einer halben Stunde war ich im Zentrum von Santiago und kurz darauf in meiner ersten Pilgerunterkunft, die ich von Deutschland aus gebucht hatte. Dieses Mal begleitete mich nur mein 4 Kilogramm schwerer Rucksack, mit Wechselwäsche für zwei Tage, Sandalen und Regenjacke sowie Schlafsack. Mehr brauchte ich nicht, denn jede Herberge verfügte über eine Waschmaschine.
Am nächsten Tag fuhr ich mit dem Bus nach Portugal. Hier erwartete mich der 117 Kilometer lange Portugiesische Jakobsweg, zurück nach Santiago de Compostela.
Jetzt konnte ich mit meinem leichten Rucksack und Pilgerstab frei entscheiden, wann ich mein Tagespensum erreicht hatte. Immer da, wo es mir am besten gefiel, fand ich Aufnahme und immer eine preiswerte Unterkunft.

Alle Pilgerherbergen, die ich kennen lernen durfte, waren hervorragend geführt, sauber und funktionell. Überall gab es Duschen und gut ausgestattete Küchen zum Zubereiten von Speisen sowie eine Waschmaschine und meist auch Trockner. Das Schönste war, ich hatte so viele Kontakte mit Menschen aus aller Welt. Auch wenn wir die jeweilige Sprache nicht kannten, verstanden wir uns mit Gesten und der Sprache der Herzen. Darüber habe ich im zweiten Teil geschrieben.
Natürlich hatte ich mich, wie konnte es anders sein, schon am zweiten Tag über 10 Kilometer verlaufen. Ich stand plötzlich am Atlantik und war somit auf dem Küstenweg gelandet. Wäre ich den Landweg gepilgert, hätte ich nie die traumhafte Stadt Vigo kennen gelernt und die Hilfsbereitschaft der Spanier erlebt.

Mit dem Bus fuhr ich wieder auf den vorgesehenen Jakobsweg. Dann hatte ich den Wunsch, einmal die spanische Eisenbahn kennen zu lernen.

Achtung! Bus und Zug fahren sind auf dem Jakobsweg verboten.
Wahnsinn, der Zug kam pünktlich. Das Gepäck wurde durchleuchtet und ich fühlte mich die 45 Minuten im Zug wirklich als "Fahrgast".

Mit schlechtem Gewissen lief ich einfach die Strecke zurück und gelangte in das Kloster Hebron, für mich eine unvergessliche Erfahrung. Das Beste bei dem Pilgergottesdienst war, ich wurde von all meinen Sünden, ohne Beichte, auch das Fahren mit Bus und Zug(!) freigesprochen. Gott sei Dank!

Ich habe besonders auf diesem Weg sehr viel über mich gelernt. Die einzigartige Flora und Fauna haben mich inspiriert und meine Sinne für den wahren Sinn des Lebens geschärft. Nach einer Woche kam ich um viele Freundschaften und Erfahrungen reicher in Santiago an und erhielt nur nach fünf Minuten Wartezeit meine Compostela/Urkunde.
Für diese 14 Tage habe ich inklusive Flug nur 750 € bezahlt.

Teil 1 Französischer Jakobsweg

Vorwort

Eines Morgens Anfang November hatte ich die Eingebung nach Flugverbindungen und Unterkünften zu suchen, um nach Santiago de Compostela zu kommen.
Schon bei der Eingabe im Internet "Jakobsweg" stieß ich auf den Reiseveranstalter „Santiagoways".
Ich kontaktierte den Veranstalter. Ohne zu überlegen, suchte ich ein Angebot für die Woche vor Ostern 2023.
Nach zwei Tagen kam ein Angebot, das ich nicht ausschlagen konnte. Nun suchte ich nach geeigneten Flügen, dabei bekam ich sehr gute Angebote von „Opodo".
Ich hatte 14 Tage Zeit mich zu entscheiden und noch einen Rabatt zu erhalten.

Jetzt informierte ich meine Familie von meinem Vorhaben. Von meinem Sohn Franco der diesen Weg, jedoch die 800 Kilometer von Frankreich aus, schon dreimal gepilgert war, bekam ich Rückendeckung. In Gedanken bin ich mit ihm gepilgert. Daraufhin unterstützten mich auch meine Tochter Daniela und meine Mutter bei der Vorbereitung.

Im Januar erkrankte ich schwer.
Ich war fast einen Monat völlig kraftlos und konnte kaum 100 Schritte am Tag in meiner Wohnung gehen. Meine Freunde und die Familie glaubten nicht daran, dass ich die Reise nach Spanien antreten kann. Ich wollte nicht aufgeben und allen beweisen, dass ich es schaffe. Mein starker Wille, auf dem „Jakobsweg" zu pilgern, gab mir die Kraft, die Reise planmäßig anzutreten.

Reiseplanung

Der Flug von Dresden nach Zürich sollte eine Stunde mit einem Zwischenstopp in der Nacht dauern. Am Morgen sollte es dann weitergehen nach Santiago de Compostela. Mein Sohn Franco meinte, ich solle mir den Wecker stellen, damit ich den Weiterflug nicht verpasse.
Ich antwortete ihm: „Bei meinem Chaos kann so etwas schon mal vorkommen".
Danach beruhigte ich ihn: „Dann nehme ich den nächsten Flug oder fahre per Anhalter, da wird der Reisebericht interessanter".

Der Zwischenstopp über Madrid soll beim Rückflug sogar 18 Stunden lang sein. Da ich 23.00 Uhr in Zürich landen werde, habe ich mir das Flughafenhotel ausgesucht, dann bleibt mir genug Zeit, Zürich anzusehen.

Ich war noch nie in der Schweiz. 17.00 Uhr sollte ich dann wieder am Flughafen sein und ca.19.30 Uhr hoffentlich glücklich wieder in Dresden landen.

Inzwischen habe ich mir meine Reiseausrüstung gekauft, alles darf nicht mehr als 24 kg wiegen.

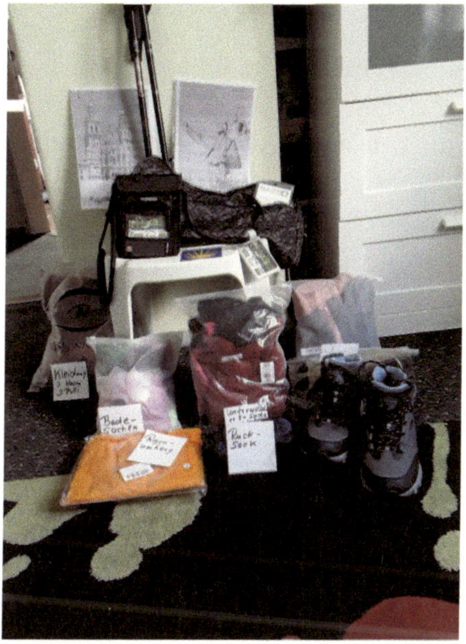

In Spanien werde ich von „Santiagoways“ allumfassend betreut.
Täglich stehen 10 bis 17 Kilometer Strecke an, ohne schweres Gepäck, das wird in die bereits reservierten Zimmer weitertransportiert.

90 Tage vorher muss ich trainieren, d.h. täglich 15 000 Schritte, jetzt bin ich erst bei 7 000.
Es gibt auch schon Hundefreunde, die mich bei meinem Training unterstützen wollen, mit erweiterten Gassirunden, durch den Großen Garten in Dresden. Wenn man alle Ecken und Hundetobeplätze mitnimmt, kommen auch sechs Kilometer zusammen.

Erster Januar, meine Tochter Daniela hat mich zu einem Neujahrsspaziergang eingeladen. Sie wollte mich testen. Die neuen Wanderstiefel passten ganz gut, nur die Socken mit den Santiago Muscheln machten sich nach fünf Kilometern bemerkbar.
Irgendwie habe ich nach zwei Stunden und insgesamt 10.000 Schritten, also sechs Kilometern, das Auto erreicht. Mein Hund Mädi und ich sind danach erschöpft ins Bett gefallen.

Meine pannenreiche Anreise

Am Freitag fuhr mich meine Tochter zum Flughafen in Dresden. Ich konnte erst eine Stunde später starten. Es gab ein Unwetter in Zürich.

Ich saß in Zürich, wo ich nach Plan einen siebenstündigen Aufenthalt hatte, neben einer Gruppe aus dem Kosovo, die in Westdeutschland arbeiten und in den Osterurlaub nach Hause wollten. Die haben mich gleich adoptiert und verpflegt!

Am 1. April um drei Uhr stellte ich fest, dass mein Flug nach Santiago nicht angezeigt wurde. Vier Uhr früh öffneten die Flugschalter. Ich besuchte völlig verzweifelt vier Schalter im großen Flughafen immer treppauf und treppab. Endlich bekam ich im Ticketservice Hilfe. Mein Flug existierte gar nicht. Trotz Buchung und Bezahlung bei Swissair und Opodo?

Ich sollte nunmehr um 10.45 Uhr nach Frankfurt fliegen und danach nach Santiago. Kurz vor dem Einchecken sah ich auf der Anzeigetafel, in roter Schrift, dass der Flug nach Frankfurt gestrichen wurde. Nun lief ich wieder treppauf und treppab. Man hatte mich schon nach Madrid umgebucht, der Flieger ging eine Stunde später. Ich war inzwischen 16 Stunden ohne Schlaf.

Der Flug nach Madrid und eine Stunde später weiter nach Santiago verlief ohne Probleme.

Die Spiritualität des Jakobsweges

Der Jakobsweg führt viele Kilometer entlang der Landebahn des Flughafens von Santiago de Compostela.

In Santiago stand ich verloren da, ohne Transfer. Dieser war wegen der Verspätung, auf meine Kosten storniert worden. Ich musste um jeden Preis noch heute zum Ausgangspunkt meiner ersten Etappe, zum 115 km entfernten Sarria kommen.

In der Touristeninformation am Flughafen wurde ich toll beraten. Nur konnte ich kein Spanisch. Da kam eine große blonde Pilgerin in das Servicebüro des Flughafens. Sie übersetzte unser Gespräch ins Englische. Die junge Frau sah meine Verzweiflung und hörte meinem Bericht über den Grund der Verspätung geduldig zu.

Am Ende unseres Gespräches bot sie mir an, mich mit einem gemieteten Auto nach Sarria zu fahren. Nach zwei Stunden erreichten wir Sarria. Auf der langen Strecke wurde mir angst vor der Herausforderung, diese Strecke bis zum 11.04. auf dem Pilgerweg zurückzulaufen.

Die junge Pilgerin fand in den engen Straßen sofort das Hotel. Sie nahm meine Reisetasche und trug sie zum Hoteleingang.

Im Hotel „Mar de Plata“ in Sarria, warteten schon mein Pilgerausweis, der Taschenanhänger für den Gepäcktransport und nützliche Dinge zur Tagespflege, die ich im Flieger nicht mitnehmen durfte.

Nachdem ich meinen Zimmerschlüssel und den Pilgerausweis erhalten hatte, verabschiedete ich mich von der jungen Frau.
Auch sie nahm ein Zimmer im gleichen Hotel. Sie wollte das Auto in die Garage fahren und sich danach bei mir per WhatsApp melden.
Nachdem sie sich nach einer Stunde nicht gemeldet hatte, begab ich mich nach 26 Stunden Schlafentzug ins Bett.

Trotz des Aprilscherzes in Zürich wurde alles gut und ich hatte mein erstes Wunder erlebt.

Dazu war ich 12 000 Schritte gelaufen, das sind acht Kilometer, allein nur im Flughafen Zürich. Das zukünftige Tagesziel sind 15- bis 17-tausend Schritte, somit hatte ich schon mal mein Durchhaltevermögen getestet. Nun war ich nach über 26 Stunden ohne Schlaf müde. Ich hatte ein tolles Zimmer mit bequemem Bett und war in Sarria, der ersten Etappe meiner Pilgerreise.

Vor mir lagen neun Etappen, die ich auf dem Camino de Santiago Frances (Französische Jakobsweg), mit 115 Kilometern von Sarria nach Santiago de Compostela, zurücklegen musste. Diese Strecke war die Voraussetzung, um die Compostela (Urkunde) zu erhalten.

Die Etappe soll im Vergleich zur Gesamtstrecke von 800 Kilometer, einen niedrigeren Schwierigkeitsgrad haben und ist deshalb auch für Senioren, Kinder und Hunde geeignet.

Der Weg von Sarria entstand nach der Entdeckung des Grabes des Apostels Jakobus. Am nächsten Morgen hoffte ich die junge Frau, von der ich nicht einmal den Namen kannte, im Speisesaal zu treffen.

Ich ließ mir einen Tisch für zwei Personen zuweisen. Nach einer langen Weile kam die Bedienung und teilte mir mit, dass alle Pilger bereits das Hotel verlassen haben und keiner sich an eine junge blonde Frau erinnern kann.

Traurig, mich nicht noch einmal bei ihr bedanken zu können, packte ich meine Reisetasche, stellte diese für den Gepäcktransfer ins Treppenhaus, nahm meinen kleinen Rucksack und verließ gegen 10.00 Uhr das Hotel.

Von Sarria nach Ferreiros

So begann ich, am 2. April in Sarria den Jakobsweg kennen zu lernen. Zuerst lief ich einen Kilometer in die entgegen gesetzte Richtung. Als mir das zu blöd wurde, weil ich in Richtung Sonnenaufgang lief, aber Santiago de Compostela ja im Westen liegt, fragte ich eine Einheimische.
Die verstand mich natürlich nicht. Ich erklärte ihr, dass ich nach Santiago möchte.
"Ola, da sind sie falsch, kommen sie mit!"
Das geht ganz toll in Zeichensprache. Ich zeigte ihr mit den Fingern, dass ich 73 Jahre alt bin.
Sie sagte auf einmal auf Deutsch;"und ich bin 72". Sie brachte mich bis zum Beginn des Jakobsweges und wir verabschiedeten uns, wie alte Freundinnen.

In der Touristeninformation holte ich mir meinen ersten Stempel für meinen Pilgerausweis ab, ich bekam dazu noch eine Wegbeschreibung.

Einen Pilgerausweis hätte ich hier für fünf Euro kaufen können. Das musste ich jedoch nicht, weil „Santiagoways“ diesen für mich organisiert hatte.
Da sah ich sie das erste Mal, die Symbole des Jakobsweges.

Eine gelbe Jakobsmuschel, die wie ein Pfeil anzusehen ist, sowie der gelbe Pfeil. Immer wieder sehr zuverlässig konnte ich mich an der hervorragenden Kennzeichnung des Weges orientieren. Die Wegweiser standen an allen Kreuzungen, Abzweigungen und Hauswänden.
Ich lief durch die Gassen von Sarria und erreichte einen interessanten Friedhof.

Wenig später stieg ich einen steilen Berg mit 48 Meter Gefälle hinab. Ich überquerte den Fluss Pequeno über eine mittelalterliche Brücke. Ein Bauer düngte sein Feld völlig Bio, der ländliche Geruch stieg mir in die Nase. Überall üppiges Grün und auf den Feldern blühte der Raps.

Vor dem Viadukt der Autobahn stand ein Pilgerstein, mit dem Hinweis, wie viele Kilometer (112) ich bis Santiago de Compostela zu bewältigen habe.
Unter dem Viadukt der Autobahn überquerte ich einen Bahnübergang.

Ich lief neben dem Viadukt entlang bis zu einem steilen Aufstieg über 240 Meter.

Beeindruckende Eichenbäume säumten meinen Weg. Ein Radfahrer kämpfte sich die Steigung bergauf, aber nicht nur der.
Dann stand ich auf eine Sonne überfluteter blumenreicher Hochebene. Vor einer Stunde sah ich die Autobahnbrücke von unten und nun stand ich über ihr.

Hier begegneten mir das erste Mal Pilgerinnen, die mit einem unverbindlichen, „Ola“/Hallo, grüßten. Auf dem Jakobsweg grüßen Pilger und Einheimische sich mit einem freundlichen „Buen Camino“/Guten (Jacobs) Weg.

Ich hatte es vorgezogen, allein zu pilgern, um in Ruhe die Natur zu genießen und bei mir anzukommen. Viele Kilometer pilgerte ich durch kleine stille Dörfer und fand endlich ein Geschäft, in dem ich meinen Pilgerausweis abstempeln konnte.

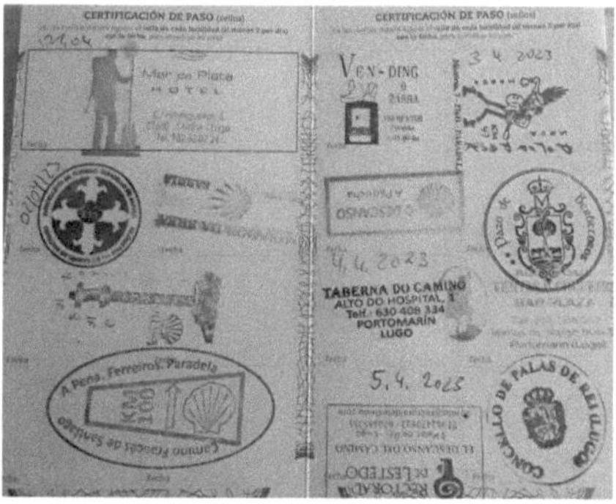

Ich hatte inzwischen erfahren, dass die Stempel in Kirchen, Bars und Unterkünften zu finden sind und dass jeder Ort ein eigenes Stempelmotiv hat. Es gehört zur Regel, dass man an einem Pilgertag mindestens zwei Stempel, oder 10 verschiedene Motive nachweisen muss, um eine Pilgerurkunde zu erhalten.

In dem Geschäft fand ich auch noch einen Pilgerstab. Dieser Stab kostete nur sechs Euro. Die Fitnessstöcke hatte ich in die Reisetasche gelegt, weil ich diese schon mehrfach stehen gelassen hatte und deshalb den Weg zurücklaufen musste. Auch sah ich viele Pilger, die ihre Knie verbunden hatten. Nein, mit den Knien hatte ich keine Probleme, weil ich mit meinem langen Pilgerstab immer den gleichen Gehrythmus hatte.
Und ich konnte mich auf den Stab aufstützen, um auszuruhen. Ich hatte inzwischen etwas zu viel Sonne abbekommen. Kurz darauf fand ich einen Brunnen, an dem ich mich etwas frisch machen konnte.

Danach setzte ich mich auf eine Steinbank und studierte die Wegbeschreibung meines Reiseveranstalters.

Da stand plötzlich ein Einheimischer vor mir und bot seine Hilfe an. Ich erklärte ihm, dass ich eine Alemana sei. Er zeigte mir mit den Händen, dass ich noch sieben Kilometer zu laufen hätte. Nach der Abkühlung, fiel es mir nicht mehr so schwer weiterzulaufen.

Ich sah eine Bar und hörte einen Hund bellen. Nein, war das eine Sinnestäuschung? Da stand völlig leibhaftig meine vor zwei Jahren verstorbene Hündin Shyra vor mir und begrüßte mich Schwanz wedelnd. Die Besitzerin kam aus der Bar und rief ihren Hund. Doch dieser ließ sich nicht beirren und begleitete mich bis zum Eingang der Bar. Ich bestellte einen Kaffee und dazu gab es warmen Kuchen, der schmeckte so gut, dass ich mir noch ein zweites Stück wünschte. Ich erklärte der Wirtin, dass ich einen ähnlichen Hund hatte, der aus einer spanischen Tötungsstation zu mir nach Deutschland gekommen war.

Da ich kein Foto bei mir trug, zeigte ich ihr das Buchcover mit Shyra von meinem Buch „Hunde Abenteuer" im Internet, zu dem meine Hundefreunde sagen, es sei ein Heulbuch.
Ja auch Hunde werden geboren, bleiben bei uns auf Zeit und der Abschied ist für uns Menschen dann immer sehr schmerzhaft.

Nachdem ich die Bar verlassen hatte, hörte ich ein leises Winseln, der Hund begleitete mich noch eine kleine Wegstrecke.

Shyra aus einer spanischen Tötungsstation

Nach wenigen Schritten hatte ich mein erstes Tagesziel erreicht, die "Casa Morgada", einen Kilometer vor Ferreiros entfernt.

Der Wirt begrüßte mich herzlich: „Hallo Carla-Maria, schön, dass du da bist, ich zeige dir gleich dein Zimmer. Ich brauche noch deinen Pass, so musst du nicht lange warten“.
Er fragte noch, ob ich Durst hätte. Zuerst bekam ich ein großes Bier und durfte mich in der Abendsonne ausruhen. Danach übergab er mir meine Reisetasche. Ich nahm von meinem gemütlichen Einbettzimmer und der einladenden Dusche Besitz. Später inspizierte ich die nähere Umgebung. Ich hatte mir von dem Wirt die WLAN-Verbindung geben lassen, aber das funktionierte nicht. Einige Pilger saßen am Kamin, und beobachteten mich, wie ich verzweifelt mein Smartphone bearbeitete.
Da bot sich ein kleines Mädchen an, mir die Verbindung einzurichten. Beim Speichern drückte sie immer beenden. So konnte ich ihr erklären, was auf Deutsch speichern heißt. Wir mussten alle lachen und haben zusammen einen netten Abend verbracht. Zum Abendbrot hatte ich mir eine Suppe bestellt. Am nächsten Tag freuten wir uns alle auf ein leckeres Frühstück. Auf der Speisekarte in Englisch und Spanisch konnte ich mir nichts aussuchen. Das sah eine junge Frau, die mit ihrem Sohn unterwegs war. Auch eine Deutsche, sie übersetzte mir die Angebote. Ich entschied mich für ein Müsli mit Obst und Kaffee, sowie einen O-Saft.

Von Ferreiros nach Portomarin

Ich stellte meine Reisetasche wieder zum Weitertransport ab, nahm meinen Rucksack und Pilgerstab und los ging es. Heute hatte ich eine Strecke von neun Kilometern zu bewältigen, mit einer Steigung von 115 Metern und einem Gefälle von 375 Meter.
Kurz vor dem Pilgerstein 100 war in einer Nische in einem Bauernhof eine Stempelstelle eingerichtet. Auf dem Tisch lagen Bananen und weiteres Obst zum Mitnehmen. Ich stempelte meinen Ausweis und legte etwas Geld in die Opferschale. Das sah der Bauer und kam ganz freundlich mit seinen zwei großen Hunden an das Tor, um sich zu bedanken. Als er merkte, dass ich eine Alemana war, sprach er mit mir deutsch.
Die Hunde ließen sich von mir streicheln, das freute ihn noch mehr. So gab er mir den Rat nicht den Weg bergab zum Pilgerstein 100 Kilometer zu gehen, sondern auf der Straße zu bleiben, das wäre in unserem Alter günstiger.
Nach sieben Kilometern kam ich wieder an eine Bar.

Da saßen alle meine Freunde vom Vorabend und die Frau mit dem Jungen, die mir die Speisekarte übersetzt hatte.

Wir kamen ins Gespräch. Sie erzählte mir, dass sie eine Feuerwehrfrau aus Frankfurt sei und Kinderbücher schreibt.
Sie zeigte mir auf dem Smartphone ihre Zeichnungen von Tieren, die ausgesprochen künstlerisch gut waren. Ihr Sohn trank Colacao und schwärmte davon. Deshalb bestellte ich mir statt Cappuccino auch diesen Colacao. Nun verstand ich den jungen Mann. Der Wirt machte eine Zeremonie bei der Zubereitung dieses Getränkes. Zuerst wurde Milch warm gemacht, danach gerührt, dann wurde der Colacao hineingegeben und dann nochmals gerührt, nicht geschüttelt! Es schmeckte wirklich sehr cremig. Wir wollten uns bei der nächsten Begegnung weiter austauschen.
Kurz vor dem Ziel gab es einen Pilgerhinweis in zwei Richtungen.

Ich nahm die Richtung mit der zehn Meter kürzeren Strecke.

Nach einem langen steilen Abstieg konnte ich die Brücke vom Belesar Stausee überqueren.

Der Ort Portomarin musste dem Stausee weichen und wurde höher am Hang wieder aufgebaut, sogar die Kirche von San Nicolas und die Kapelle von Las Nirves wurden umgesetzt.

Eine sehr steile Treppe, mit unendlich vielen Stufen, führte zum Ort.

Hier benutzte ich das erste Mal das Navi, um mein Hotel, „Pazo de Berbetoros“ zu finden. Ich hatte ein sehr schönes Zimmer im Innenhof des Hotels.

Nach dem Duschen schaute ich mir diesen neu erbauten und künstlerisch gestalteten Ort genauer an, und besuchte noch einmal die steile Treppe, um über den Stausee zu sehen.

Leider entdeckte ich im Wasser nicht die versunkene Stadt.

Nach einem erholsamen Schlaf stellte ich am nächsten Morgen meine Reisetasche ab und ging in den Frühstücksraum. Es war alles sehr liebevoll hergerichtet. Ich nahm ein Stück Brot, einen Becher Jogurt und wollte etwas Marmelade darauf geben. Da kam der Wirt herangestürmt und schaute mich verzweifelt an. Hatte ich etwas falsch gemacht?

Er schaute auf den Teller, schüttelte mit dem Kopf und zeigte auf das Schälchen mit Tomatenmark. Er war erleichtert, dass ich die Marmelade erkannt hatte. Der aufmerksame Wirt strich mir anerkennend über die Schultern.

Er winkte noch, als ich mich verabschiedete.

Von Portomarin nach Ventas de Naron

Das Hotel verließ ich gegen neun Uhr. Viele Pilger waren schon auf dem Weg hinunter zum Stausee.

Es folgte ein acht Kilometer langer und 350 Meter hoher Anstieg durch einen Wald, der alles von mir abverlangte. Ich ging Schritt für Schritt. Rechtes Bein, linkes Bein dann Pilgerstock, so schaffte ich Meter um Meter die Distanz zum nächsten Pilgerstein. Diese stehen meist im Abstand von 500 Metern und motivieren die Pilger, dass der Weg nach Santiago de Compostela immer kürzer wird.

Es gab auch einen minimalen Abschnitt von 38 Metern entlang der Bundesstraße zu pilgern. Endlich kam eine Bar. Hier konnte ich mir den ersten Stempel holen. Dann gönnte ich mir einen Colacao.
Nach zwei Kilometern sah ich plötzlich die Kinderbuchautorin mit ihrem Sohn in einer Pension sitzen. Sie rief mich zu sich und so unterhielten wir uns über unsere Erlebnisse der letzten Stunden.

Da ahnte ich noch nicht, dass die „Albergue O Cruceiro“, die ich für diese Nacht gemietet hatte, gleich gegenüber lag.

Nachdem ich mein Zimmer bezogen und geduscht hatte, trafen wir uns wieder, nunmehr vor meinem Hotel und sprachen über unsere Schriftstellerei.

In der Nacht wurde ich durch den hellen Mondschein geweckt. Ich schaute aus dem Fenster, unten im Tal sah ich die roten Leuchten der Windräder und über mir einen unbeschreiblich schönen Sternenhimmel.

Da kam mir ein Lied in den Sinn:
„Spaniens Himmel breitet seine Sterne…., die Heimat ist weit…“, ich war traurig, dass dieses Lied heute so aktuell, wie nie zuvor ist!

Am nächsten Morgen gab es schon halb acht Frühstück.
Ich stellte meine Tasche zu Abholung bereit und machte mich auf den Weg.

Von Ventas de Naron nach Palas de Rei

Ich pilgerte bereits acht Uhr los. Die Strecke geht vorwiegend 246 Meter bergab, meist auch an der Landstraße entlang, an einem mittelalterlichen Kloster und dem Pilgerfriedhof vorbei. Ich traf um diese Zeit nur fünf Pilger und einige Radfahrer. Kurz vor Palas de Rei befand sich ein großes Sportzentrum. Da gab es eine Pilgerinformation und so konnte ich mir den ersten Stempel für den Tag abholen.
Der junge Mann war sehr nett. Er fragte mich, woher ich käme und aus welchem Grund ich pilgere, christlich oder weltlich. Ich zeigte ihm das Kreuz an meiner Halskette. Das hat ihm so gut gefallen, dass er mir einen Stundenlutscher schenkte.

Ich schaffte diese Strecke in drei Stunden und war damit zu früh im „Hotel Mica“.

Ich musste noch zwei Stunden auf den Schlüssel warten. Zuerst setzte ich mich auf eine Steinbank an der Kirche und genoss den Schatten einer großen alten Palme, deren starke Blätter im Wind leise raschelten. Die restliche Zeit nutzte ich, um die Stadt zu besichtigen und in einem Supermarkt einzukaufen. Das Hotelzimmer war wieder sehr angenehm und meine Reisetasche stand auch schon im Schrank. Diesen Tag hatte ich für die Kontaktaufnahme mit der Heimat ausgesucht. So schrieb ich zuerst meiner Familie und den engen Freunden meine Erlebnisse nieder.

Das muss ich noch erwähnen, aus der Heimat bekam ich immer motivierende Nachrichten. So rieten mir meine Schulfreunde, mit denen ich vor 55 Jahren in einer Mechanikerlehre war, langsam zu laufen und mich einzucremen. Hundefreundinnen sprachen mir Mut zu und natürlich die Familie, das hilft ungemein durchzuhalten.
Dann erkundigte ich mich bei meiner Hundesitterin Sonja, wie das Wetter zu Hause ist und wie es meinen vierbeinigen Schatz Mädi geht. Nachdem ich wusste, dass in der Heimat alles in Ordnung war, duschte ich mich und legte mich zur Ruhe.

Von Palas de Rei nach Melide

Eine besondere Sehenswürdigkeit in Palas de Rei (Palast des Königs) ist das Castello de Pambre. Das Castello ist eine mittelalterliche Burg, sie steht auf einem Felsen über dem Rio Pambre.

.

Ich legte dem Betreiber vom Castello meinen Ordensausweis, ausgestellt in Paris vor, wie es mir der Großprior des spanischen Ritterordens OESSM, bei einer Reise nach Spanien empfohlen hatte. Ich bat um Informationen über das Castello und seine Geschichte. Daraufhin wurde ich angemessen begrüßt und erhielt eine Fotoerlaubnis.
Wir fachsimpelten zuerst über den jeweiligen spanischen Orden.

Mein Gastgeber wusste sofort, dass es sich bei meinem Orden um einen Templerorden handelt, der lange in Spanien verboten war.
Deshalb wurde mir mein Ausweis auch in Paris ausgestellt. Die Templer waren wohlhabend, sie übten Nächstenliebe und Barmherzigkeit aus, gleichwohl unterstützten sie die Altenhilfe und beschützten die Pilgerer.

Der Orden wurde unschuldig enteignet.
Vor einigen Jahren erhielt er wieder Anerkennung durch die katholische Kirche in Rom, jedoch das Geld bekam ein anderer Orden.

Die berühmteste Ritterin des Ordens war George Sand, die mit Frederic Chopin in der Kartause von Valdemossa auf Mallorca lebte.

Mein Gesprächspartner wusste nicht, dass die Schriftstellerin George Sand von ihrer Großmutter, einer Marie Aurore de Saxe, eine Verwandte des Sächsischen Königshauses, erzogen wurde.
Aus den Templern wurden dann in Deutschland die Freimaurer. Die in Dresden bekanntesten Freimaurer waren Gottfried Semper, Richard Wagner und Johann Andreas Schubert.
Die Templer und die Freimaurer haben die gleichen Aufnahmerituale. Ich kann mich noch mit „Ehrfurcht“ an das dunkle Wasserschloss erinnern, in dem ich meine Weihe erhielt.

Auf Grund meiner Erfahrungen der letzten Etappe entschied ich mich am nächsten Morgen, etwas später aufzustehen und erst gegen 8 Uhr mein Frühstück einzunehmen.
Nachdem ich meine Reisetasche für den Weitertransport abgestellt hatte, holte ich mir noch den Stempel des „Hotels Mica“ in meinen Pilgerausweis. Neben dem Stempel muss auch ganz korrekt das Datum vermerkt werden, das hatte ich bisher versäumt.

Im Frühstücksraum waren sehr viele Pilger. Ich sah einen großen Kaffeeautomaten und hatte den Wunsch Colacao zu trinken. Ich stellte alles Mögliche an, um dem Automaten meinen Wunsch einzugeben. Immer mehr Pilger standen mir bei meinen Bemühungen bei, aber erst die Servicemitarbeiterin verstand meinen Wunsch. Alle freuten sich, der Alemana geholfen zu haben. Beim Verlassen des Raumes verabschiedete sich jeder bei mir mit einem „Buen Camino".

Auf dem wunderschönen Waldweg, der heute 285 Meter bergab und dann wieder 152 Meter bergauf ging, trafen wir uns immer mal wieder. Kurz nach dem Ortsausgang stand ein älterer Mann, vor einer Kapelle aus dem Mittelalter.
Er machte mich darauf aufmerksam, dass ich von ihm auch noch einen Stempel bekommen kann. Ich bedankte mich bei ihm mit einer kleinen Spende, wofür er sich sehr erfreut bedankte.
Ich wäre so gern länger in dieser kühlen Kapelle geblieben, aber ich musste weiter, denn am Abend wartete in meinem „Hotel Carlos 96" in Melide meine Reisetasche.
Schon an der nächsten Kreuzung begrüßte mich ein stattlicher Hund in einem Grundstück mit lautem Gebell. Ich sprach mit dem Hund über Handzeichen.

Er verstand mich und wollte gestreichelt werden.
Das beobachtete eine Pilgergruppe aus Irland. Sie fragten mich, wie ich das gemacht habe.
Ich erklärte ihnen, dass ich nunmehr meinen fünften Hund habe. Und meine vorletzte Hündin Shyra aus einer spanischen Tötungsstation stammte.

Eine der Frauen lebte einige Zeit in Deutschland und so unterhielten wir uns über Probleme in Deutschland und Irland. Sie meinte, dass viele Deutsche nach Irland auswandern.

Kurze Zeit später lernte ich ein Ehepaar aus Kanada kennen und zu diesen gesellten sich noch drei junge Frauen aus Mexiko. Wir verständigten uns auf Englisch und alle waren sehr herzlich.
Am Ziel in Melide angekommen, traf ich das Ehepaar aus Kanada wieder, wir wünschten uns eine gute Nacht.
Dann die große Überraschung, mein Zimmer im „Hotel Carlos 96“, hatte eine Badewanne. So konnte ich zum Abschluss des erlebnisreichen Tages ein warmes Bad genießen.

Von Melide nach Arzuar

Nach einem reichhaltigen Frühstück holte ich mir noch einen Stempel, stellte meine Reisetasche zum Weitertransport ab und begann meine Wanderung.

Heute sollte es eine sehr anspruchsvolle und lange Strecke werden. Der Auf- und Abstieg um 200 Meter hielt sich in der Waage.

Ich fühlte mich schon nach dem langen Laufen durch die sonnendurchflutete Stadt etwas unwohl. Am Ende der Stadt gab es in einer kleinen Kapelle eine Stempelmöglichkeit.

Ein sehr engagierter Mann erklärte lauthals die Bedeutung der Kapelle, jedoch nur auf Spanisch.

Danach sah ich am Wegesrand ein ungewöhnliches Museum.

Heute zog sich der Weg hin, die Kilometer waren zäh zu bewältigen und es wurde immer wärmer.

Die Sonne schien erbarmungslos auf unseren Planeten. Nach fünf Kilometern durch einen dichten Eichen- und Kiefernwald folgten einige Hügel mit Eukalyptusbäumen, dann wurde ich ausgebremst.

Die Pilger vor mir hatten es nicht eilig, sie ließen mich aber auch nicht vorbei.

Dann noch drei Kilometer entlang der Nationalstraße N - 547. Ich hatte keine Kraft mehr weiterzulaufen, deshalb setzte ich mich in eine Bar und bestellte mir einen Colacao.
Da hörte ich auf einmal eine Frau mit ihrer Tochter Deutsch reden. Ich grüßte sie auf Deutsch. Auch die Pilgerin freute sich über die heimatliche Grußformel und setzte sich mit ihrer 10-Jährigen Tochter und ihrem Mann an meinen Tisch. Die Familie stammte aus Düsseldorf.

Wir unterhielten uns über ihre Anreise durch Frankreich mit dem Auto bis Sarria. Sie hatten in Sarria ihr Auto stehen gelassen und sind von da ab gepilgert.

Das Mädchen Hannah hat tapfer durchgehalten. Sie erzählte mir, dass sie Dinos liebt. Da fiel mir ein, dass ich mit meinem Enkel Sunny ein Kinderbuch über Dinos geschrieben hatte. Hannah wollte mehr darüber wissen und so zeigte ich ihr das Buch im Internet.

Wir verabschiedeten uns mit dem Versprechen, dass ich ihr das Dinobuch schicke, welches ich noch im Bücherschrank stehen habe.

Wir hatten dabei versäumt, unsere Adressen auszutauschen. Ich fühlte mich inzwischen wieder etwas wohler und setzte mein Pilgern fort.

An einem kleinen Platz im Wald gab es Getränke zu kaufen und da stand hinter einer Hütte ein kleines Auto, das mich an unser erstes Auto einen P70 erinnerte.
Ich kam mit dem Auto in Dresden die Grundstraße kaum rauf und dann das ständige Zwischenkuppeln.

Später hatte ich einen Hansa-Lloyd 600, der war zwar auch klein, aber etwas exklusiver.

Ich glaube, dieser Jakobsweg gräbt Sachen aus der Vergangenheit aus, die man längst vergessen hat.

Kurze Zeit später in einer kleinen Stadt traf ich das Mädchen mit ihren Eltern wieder. Wir hatten uns auf eine Treppe in den Schatten eines Hauses gesetzt.

Da erzählte Hannah mir, dass sie auch kleine Geschichten schreibt. Und so kamen wir überein, als Autorenkolleginnen, dass wir die nächste Geschichte zusammen schreiben werden. Die Mutter notierte sich meine E-Mail-Adresse. Danach pilgerte ich weiter. Immer wenn wir uns trafen, winkten wir uns zu. An einem steilen Aufstieg musste ich eine Pause einlegen und etwas Wasser trinken, danach wurde es mir gleich wieder wohler.
Da stand die Mutter meiner kleinen Pilgerfreundin plötzlich vor mir und übergab mir einen kleinen bemalten Stein, mit der Bitte, diesen nach Santiago de Compostela zu tragen und da abzulegen.

Sie erklärte mir. Wir haben diesen Stein zu Hause an einem Fluss gefunden, das im Internet gepostet und den Stein, dann mit auf den Jakobsweg genommen. Und ich darf nun den Stein an seinen Bestimmungsort tragen.
Ich war gerührt über das Vertrauen, den Stein wohl behalten nach Santiago de Compostela zu transportieren.

Eine tolle Geste von dieser netten Familie, mit der ich natürlich über unser Buchprojekt in Verbindung bleiben werde.
Ich legte drei Kilometer vor meinem Ziel einen Stopp in einer Bar ein, um einen zweiten Stempel für den Tag zu erhalten.
Mit Grauen sah ich den steilen Abstieg und dann am Horizont den steilen Anstieg. Nach einer eiskalten Cola und einem traditionellen Stück Kuchen gefüllt mit Thunfischsalat, schmeckte übrigens lecker, fühlte ich mich wieder fit, um den Berg in Angriff zu nehmen.

Im Tal überquerte ich einen kleinen Fluss.

Da sah ich, dass es mir nicht allein so ging.

Diese Strecke war auch für die anderen Pilger bisher die Schwerste. Die meisten Pilger saßen am Fluss und kühlten ihre Füße im Wasser.

In der Stadt Arzua angekommen, sollte ich zu allem Strapazen auch noch die nächste Übernachtungsstelle anrufen, weil diese weitab vom Jakobsweg liegt. Diese Unterkunft bot einen kostenlosen Transfer an.
Ich bat eine Gruppe junger Spanier in einer Gaststätte, den Anruf für mich zu tätigen. Wir kamen ins Gespräch, überwiegend auf Englisch und mit Gesten. Als das Taxi kam, waren sie sogar etwas traurig und winkten.

Ich konnte diese umständliche Organisation der Unterbringung nicht verstehen und die Taxifahrt dauerte sehr lange.

Dann wurde ich eines Besserem belehrt.

Diese Unterkunft, in einem vornehmen ländlichen Stil, war etwas Außergewöhnliches, die „Casa Brandariz“.
Auch der Service und die Freundlichkeit der Betreiber hatten mich aufs tiefste beeindruckt.

Das Zimmer war gemütlich und die Badewanne ein Geschenk. Bei einem großen Glas Bier, in einer gemütlichen Gartenlaube, genoss ich den Feierabend.

Eine spanische Familie feierte neben mir einen Geburtstag und bezog mich in ihre Feierlichkeit ein.

Zuerst versuchte der große schwarze Hund Kontakt zu mir herzustellen und das gefiel der Familie; „Ah, Alemana!“
Die Bedienung nahm für das große Bier, einen Snack und eine spezielle hoteleigene Flasche Wasser gerade mal vier Euro und das auch erst nach Rückfrage mit dem Chef.

Hier ist der Gast wirklich König!

Am nächsten Morgen war ich die Erste im Hotel, die im Frühstücksraum erschien.
Der nette Chef fragte mich nach meinen Wünschen, natürlich Colacao. Er lächelte, brachte eine Kanne heiße Milch und eine große Dose von dem leckeren Colacao. Ich konnte mich nach Herzenslust an der Theke bedienen.

Von Schinken, über Käse, Kuchen, Joghurt sowie Obst alle Sorten, war alles vorhanden. Ich bekam noch ein Glas frisch gepressten O-Saft. Nach mir betrat noch eine weitere Pilgerin den Raum. Ich half ihr beim Finden der Kaffeekapseln und des köstlichen Joghurts.
Sie freute sich darüber und stellte fest, dass das nächste Taxi zum Camino für uns schon bereitstand. Wir unterhielten uns auf Englisch. Mit ihr machte es richtig Spaß, Englisch zu sprechen. Wenn wir nicht weiterkamen, benutzte sie einen Translator (Übersetzer).
Da musste ich nur meinen Text einsprechen und sie konnte sofort lesen, was ich ihr sagen wollte. Sie war begeistert von meiner Geschichte mit der hilfreichen jungen Frau, beim Transfer von Santiago de Compostela nach Sarria, die ich leider nie wieder gesehen hatte und auch von der Erzählung über meinen Hund Shyra, der mir auf dem Jakobsweg begegnet ist.
Die Pilgerin kam aus Südafrika und interessierte sich sehr für Dresden. So verging die Zeit sehr schnell in dem Taxi und schon waren wir an dem Haltepunkt am Camino.

Nachdem ich mich bei ihr verabschiedet hatte, stand Hannah mit ihren Eltern neben mir. Das Mädchen war ganz aufgeregt, sie hatte am Abend schon über ihre Geschichte nachgedacht, die sie mit mir gemeinsam schreiben will.

Wir verabschiedeten uns kurz darauf, weil die Familie an den zwei folgenden Tagen noch 40 Kilometer zurücklegen musste.

Von Arzua nach A Salceda

Ich hatte wieder meinen Pilgerrhythmus gefunden, linker Fuß, rechter Fuß und dann der Stock. Damit kam ich sehr gut voran, nicht einmal die Füße taten weh. Da ich mein hölzernen Anhänger Sarria 2023 im letzten Hotel liegen gelassen hatte und mich noch mächtig ärgerte, war für mich die nächste Stempelstelle eine willkommene Alternative.

Hier schnitzte ein Mann Muscheln aus Holz.
Ich kam mit ihm ins Gespräch und erhielt eine Muschel mit Stempel und seinem Autogramm.
Dann pilgerte ich mit einer neuen Muschel um den Hals weiter.

Da stand in einem wunderschönen Wald mit alten Kastanien- und Eichenbäumen eine junge Frau und spielte auf ihrem Dudelsack. Mir kamen dabei die Tränen, nein ich musste richtig losheulen. Später habe ich bemerkt, dass es auch anderen Pilgern so erging.

Einen Kilometer weiter, nach der Brücke über die Hauptstraße nach Santiago de Compostela, stand ein Mann mit einem mobilen Verkaufsstand. Er hatte außergewöhnlich bemalte Muscheln und Souvenirs aus Leder. Ich fragte ihm, was das zu bedeuten hat.
Da zeigte er auf eine alte Frau, die auf der anderen Seite des Weges stand.

Ein junger Spanier sah unsere Unbeholfenheit bei der Unterhaltung und übersetzte mein holpriges Englisch ins Spanische.

.

Ich erfuhr, dass die Frau eine Schamanin sei. Sie zeigte mir ein besonderes Armband, dass mir zukünftig Glück bringen würde.

Zum Abschied umarmte mich diese wundersame Frau.

An einer Gaststätte legte ich eine Rast ein und stellte fest, dass ich nur noch 1,6 km bis zu meiner nächsten Übernachtung hatte. Ein Hinweisschild machte mich darauf aufmerksam, dass die „Albergue Turistico Salceda“ 300 Meter abseits des Camino liegt.

Ich lief die abschüssige Straße entlang und stand kurz darauf vor der sehr gepflegten Pension, „Albergue Turistico Salceda“.
Mir kam ein junger Mann entgegen, der helfen wollte.

Ihm folgte eine Frau, die mich zur Rezeption führte.
Wir klärten erst einmal, in welcher Sprache wir uns unterhalten möchten. Sie wusste aus den Unterlagen, dass ich eine Alemana bin. Sie bot mir spanisch, englisch und russisch an.
„Warum russisch?“, fragte ich erstaunt. Sie antwortete: „Ich komme aus Sibirien, habe einen spanischen Mann und zwei Kinder“.
So, das hatten wir geklärt, also hatte die Quälerei mit dem Russischunterricht letztendlich doch noch einen Sinn.
Wir verstanden uns prächtig auf Russisch. Als sie mir jedoch den kalten Whirlpool schmackhaft machen wollte, musste ich zum Vergnügen ihrer Kinder passen.

Sie zeigte mir den Fahrstuhl zum ersten Stockwerk.

Ich verneinte, das schaffe ich schon noch. Neben dem Fahrstuhl im ersten Stock stand ein Kontrabass.
Nachts war das Treppenhaus indirekt blau beleuchtet. Mein Zimmer war sehr exklusiv und ich hatte einen Ausblick direkt auf den Pool und die Gaststätte. Nachdem ich mich geduscht und etwas ausgeruht hatte, war es mir nach einem kalten Bier.
Ganz herzlich wurde ich von der Betreiberin, natürlich in Russisch und dann von ihrem spanischen Mann, der mich auf Deutsch begrüßte, empfangen. Er stellte mir den Rest der Familie, die Tochter und den Sohn, den ich bereits kannte, sowie die Oma vor. Ich erhielt sofort ein wohltemperiertes Bier und einen separaten Platz, um weiter an meinem Tagebuch schreiben zu können.

Die Gastfamilie beschäftigte sich inzwischen mit der Inbetriebnahme des Pools. Die Betreiberin trat zu mir, um mir mitzuteilen, dass der Pool nun nutzbar sei. Ich solle meine Badesachen holen und in den Pool steigen, bevor die anderen Pilger ankommen.
Nachdem ich den Pool inspiziert und festgestellt hatte, indem ich meine geschundenen Füße in den Pool hängte, dass das Wasser etwas zu kalt war, begann das Wasser zu brodeln.

Die Betreiberin hatte auf einen Knopf gedrückt und damit den Whirlpool in Gang gesetzt. Das wiederum bewirkte einen Heileffekt für meine Füße. Und so blieben meine Füße im Wasser, das sich jetzt gar nicht mehr so kalt anfühlte. Nach einer Weile gesellte sich ein weiterer Pilger zu mir an den Pool. Er schaute gelangweilt in die grüne Landschaft. Ich drückte den Knopf und der Pool begann zu brodeln.

Da erschrak sich mein Gegenüber, danach war er sehr angetan von dem Effekt. Nachdem das Wasser wieder ruhig war, gesellte sich seine Frau zu uns. Er zwinkerte mir zu und setzte sich auf eine Liege neben dem Pool und harrte der Dinge, die da kommen. Als die Frau seine alte Sitzposition eingenommen hatte und das Wasser an ihren Füßen genoss, setzte ich die Poolfunktion in Bewegung. Zuerst erschrak die Frau, dann konnte sie nicht genug davon bekommen und ich musste ihr den Einstellknopf zeigen. Etwas später erschien die Tochter des Paares und nun löste die Mutter die Schrecksekunde bei der Tochter aus, die natürlich sehr begeistert war. So setzte sich das Spiel fort.
Jedes Mal wenn ein neuer Pilger den Pool nutzen wollte, wurde der Knopf betätigt. Und damit war der Pool nach kurzer Zeit bei allen Pilgern der beliebteste Ort, um sich zu erholen,

miteinander zu sprechen und kühle Getränke bei der Hitze zu sich zu nehmen.
Ich hatte mich inzwischen wieder in mein Zimmer zurückgezogen, von dem aus ich das rege Treiben am Pool beobachten konnte.

Am Abend bat mich das Paar an ihren Tisch, dass ich zuerst am Pool geneckt hatte. Sie erzählten mir, dass sie aus Madrid sind, aber seit einigen Jahren in München leben.
Die Tochter ist eine gute Zeichnerin und sie zeigte mir auf ihrem Smartphone ihre sehr gelungenen gezeichneten Bilder. Ich gab ihr den Rat dieses Hobby weiter zu betreiben, denn sie habe Talent zum Zeichnen.

Zum Abendbrot wollte ich nur wieder meine Suppe essen. Das wiederum verstand die Chefin nicht: „Du musst endlich einmal was richtiges Essen. Ich werde dir ein Hühnchen braten, das gibt dir Kraft, denn die nächste Etappe hat es in sich!" Was sollte ich erwidern, sie hatte ja Recht und es schmeckte vorzüglich.

Nach dem Abendessen zog ich mich zurück, denn ich war erschöpft und müde. Am nächsten Morgen verwöhnte mich der Chef persönlich.
Ich wurde auf Deutsch zu meinem Tisch geleitet, der bereits für mich eingedeckt war.

Natürlich bekam ich statt Kaffee wieder mein Lieblingsgetränk Colacao.
Da entdeckte ich im Regal eine Gruppe Matroschka.

Ich machte den Chef darauf aufmerksam.
Er sagte stolz, „das ist die Erinnerung meiner Frau an die Heimat, Sibirien. Meine Frau hat heute frei, ich soll dir ausrichten, dass sie sich über deine Bewertung, fünf Sterne für unsere Unterkunft, sehr gefreut hat!“

Vor meinem Start zur nächsten Etappe gab er mir noch die Rechnung, für die gesamte Verpflegung. Ich konnte es nicht glauben, in Deutschland hätte ich für alles das Doppelte bezahlen müssen.

Dankbar verließ ich diese gastliche Unterkunft und machte mich, trotz 300 Meter mehr Strecke bis zum Camino, auf den Weg.

Von A Saceda nach A Rua

Nachdem ich das Grundstück verlassen hatte, war ich so in Gedanken, dass ich nach links abbog. Nach einer ganzen Weile bemerkte ich, dass ich in einer völlig anderen Gegend war als beim Hinweg. Also musste ich den Weg zurücklaufen, um wieder auf den Hauptweg zu kommen, der die 300 Meter ausmachte, die meine letzte Unterkunft vom Jakobsweg entfernt lag.

Nachdem ich den Camino erreicht hatte, stellte ich fest, dass ich schon 2 Kilometer gelaufen war. Die Strecke auf dem Jakobsweg waren am heutigen Tag zwei Etappen.

Von A Sacada nach A Rua, sollten es nach Streckenplan 6,4 Kilometer sein. Das bedeutete für mich 8,4 Kilometer und dann war ich ja noch nicht am Ziel. Der Aufstieg wurde mit 276 Meter angegeben und der allmähliche Abstieg mit 401 Meter Höhenunterschied. Dabei war noch eine lange Strecke Landstraße zu bewältigen.

Heute ging es mir wieder nicht besonders gut. Ich versuchte mich, immer wieder selbst zu motivieren, linkes Bein, rechtes Bein und Stock.

In A Rua angekommen suchte ich eine Bar auf, um einen Colacao zu trinken und zu stempeln. Ich fühlte mich ausgeruht und etwas wohler.
An diesem Tag hatte ich noch eine weitere Etappe zu pilgern.

Von A Rua nach Lavacolla

Diese Strecke wurde als angenehm und ziemlich flach beschrieben.
Nun ja, wenn man eine Steigung von 366 Metern und ein Gefälle von 249 Metern als einfach beschreibt, dann sollte man diese Strecke erst einmal pilgern.

Dann sah ich Flugzeuge starten, also musste ich in der Nähe des Flughafens von Santiago de Compostela sein.

Und tatsächlich, ich stand am Ende der Landebahn.

Ich hatte gelesen, dass der Flughafen von Santiago de Compostela der Größte in Galicien sei.

So pilgerte ich die nächsten Kilometer neben dem Rollfeld entlang, bis ich endlich zu der Bar „15“ Kilometer kam.

Ich gönnte mir eine Pause und eine kalte Cola. Von hier sollten es nur noch 6 Kilometer sein. Nur noch…, ich war inzwischen schon 12 Kilometer gepilgert.

Die Strecke neben dem Rollfeld unter alten Bäumen zog sich hin.

Nach zwei Kilometer fand ich ein kühles Plätzchen und ruhte mich aus.

Neben mir streikte ein Welpe er wollte nicht weiterlaufen, deshalb musste ihn sein Herrchen mehrere Kilometer auf der Schulter tragen.

Da kam das Ehepaar vom Pool. Ihre Tochter hatte noch eine künstlerische Fachfrage. Sie wollte wissen, warum sie ihr Bild, mit Namen und Datum signieren soll. Ich erklärte ihr, wenn sie später einmal berühmt sei, kann sie nachvollziehen, wann sie ihre ersten Zeichnungen gemalt hat.

Die Drei waren besorgt um mich und fragten mich nach meinem Gesundheitszustand. Ich hatte vorher viel Wasser getrunken und die Schwäche war weg. Danach pilgerten sie weiter und ich genoss das geschützte Tal. Irgendwie habe ich es dann doch geschafft.
Dann kam der nächste Schock, ich musste wieder einen Transfer bestellen, diesmal waren es 900 Meter vom Camino. Die wollte ich mir nach 19 Kilometern nicht noch antun. Ich verließ den Camino und suchte an der Landstraße eine Bar auf.

Hier stellte ich mich an einen Tisch mit jungen Pilgern und fragte, „Can you help me?"
und zeigte ihnen meine nächste Unterkunft „Pazo Xan Xordo", die einen Transfer anbot, mit der Bitte dort anzurufen.
Das hörte die Bedienung und erklärte, das gehe in Ordnung.

Ich bekam ein Bier und noch bevor ich dieses an einem separaten Tisch ausgetrunken hatte, stand vor mir ein dunkles Auto. Ein sehr charmanter Herr half mir ins Auto und fuhr mich die 900 Meter zu meiner nächsten Unterkunft.
Einem Herrenhaus im englischen Stiel, mit eigener Kapelle, gepflegten Garten, hauseigenen Tauben und der Mona Lisa, sowie anderen wertvollen Bildern an den Wänden.

Alles zeugte von einer ausgewählten Eleganz, selbst der Speiseraum.
Ich fühlte mich sofort wohl und wurde von dem Herren exzellent und fürsorglich herumgeführt.

Er zeigte auf die Treppen, damit ich nicht stürze und das Zimmer mit dem riesigen schmiedeeisernen Bett war sehr gemütlich. Nachdem ich geduscht und mich im Park erholt hatte, dabei ein laut schnatterndes Entenpärchen beobachtete, wurde ich dezent angesprochen, was ich gedenke zum Abendbrot zu essen.
Ich bekam gegen 20.00 Uhr eine wohlschmeckende Suppe und ein großes Glas wohltemperiertes Bier.

Am nächsten Morgen sah ich den eleganten, diskreten Herrn wieder. Er erkundigte sich nach meinem Wohlbefinden und teilte mir mit, dass er mich nach dem fürstlichen Frühstück wieder mit dem Auto zum Camino fährt.

Ich war angenehm überrascht von dieser eleganten Unterkunft und hatte alle Strapazen des Vortages vergessen. Der Herr brachte mich wieder zu der Gaststätte, von der er mich abgeholt hatte und verabschiedete sich diskret.
Er erinnerte mich an unseren Bekannten Mirko, einen tschechischen Apotheker aus Veperty, unweit vom Fichtelberg.
Ich stieg die Treppe zum Camino hinauf. Da saß ein Mann mit einem Hund, er flocht aus Metall kleine Andenken. Ich sah den kleinen Hund und musste an meine kleine Mädi zu Hause denken, die ich nun bald wieder von ihrer Hundesitterin abholen konnte.

Ich zeigte dem Mann das Bild von meinem Hund und wir stellten fest, dass beide Hunde Trikolorehunde seien und sich sogar etwas ähnlich sehen.

Er wollte mir daraufhin ein Geschenk machen.

Ich fragte, was er dafür bekäme.
„Wenn du unbedingt etwas bezahlen willst, dann gib mir eine Spende".

Ich gab ihm für seine Arbeit eine angemessene Spende.

Daraufhin wischte er sich die Tränen aus den Augen und wünschte mir, „Buen Camino".

Von Lavacolla nach Santiago

Zuerst ging es etwas steil bergauf und dann bis Santiago bergab, diese Strecke war mit 9,9 Kilometern angegeben. Mir begegneten viele Pilger mit einem Lied auf den Lippen, also begann ich es Ihnen gleichzutun und sang, was das Zeug hielt und was mir gerade an Oldies so einfiel, die zu diesem Weg passten.
Auf einer Anhöhe sah ich in der Ferne die zwei spießigen Pilger aus Stahl, die auf Santiago de Compostela hinwiesen. Um zu Ihnen zu gelangen, musste ich den Camino verlassen und auf den gegenüber liegenden Berg steigen.

Hier fotografierte sich eine Pilgergruppe gegenseitig und so entstand das erste Mal ein Bild von mir als Pilgerin, die ihrem Ziel Santiago de Compostela ziemlich nahe ist.

Noch hatte ich vier Kilometer vor mir, um zur Kathedrale zu gelangen. Es war insbesondere ein Weg durch die sonnendurchflutete Stadt.

Ich hörte schon von weitem in dem Durchgang zum Platz vor der Kathedrale einen Dudelsackspieler.

Als ich den Platz betreten wollte, stand vor mir das Ehepaar vom Pool.
„Herzlich willkommen Carla-Maria an diesem heiligen Ort!"

Mir kamen die Tränen, so einen herzlichen Empfang hatte ich nicht erwartet. Sie sagten, ich solle alles auf mich wirken lassen, genießen und mich freuen, dass ich es geschafft habe.

Später könne ich auf der rechten Seitenstraße, in der internationalen Aufnahmeeinrichtung für Pilger, in der Rua Carretas 33, meine Urkunde abholen.

So wie sie vor mir standen, waren sie auch wieder verschwunden. Ich war einfach nur glücklich, dass ich die 115 Kilometer gepilgert und hier ohne Blessuren angekommen war.

Die Pilger um mich herum feierten ihre Ankunft, ein Ehepaar aus den Niederlanden war so lieb, von mir ein Bild zu machen.

Nachdem ich mich erholt hatte, suchte ich die Geschäftsstelle auf der Seitenstraße auf, um mit meinem Pilgerausweis nachzuweisen, dass ich die 115 Kilometer von Sarria nach Santiago de Compostela tatsächlich gepilgert bin.

Am Empfang sah der Mitarbeiter meine Unentschlossenheit, nahm mich in seine Obhut und erklärte mir, dass ich meine Daten; Herkunft, Name, Geschlecht und Wegstrecke in einen Computer eingeben solle.

Ich bekam eine Nummer und wurde kurz darauf aufgerufen.
Ein weiterer Herr überprüfte meinen Pilgerausweis, stempelte diesen ab und eine Dolmetscherin erklärte, dass ich zwei Urkunden erhalte.

Am Ausgang erhielt ich auch noch eine Hülle und konnte somit diese wertvollen Schriftstücke unbeschadet in meinem Rucksack verstauen.

Nun wollte ich nur noch eins, mein letztes Quartier aufsuchen und mich ausruhen. Ich stand wieder an der Kathedrale. Dort gab ich mein Ziel, das „Hotel Pazos Alba“ ein. Meinen Standort hatte das Navi schon ausgemacht. Mein Navi leitete mich die Straße hinunter und dann sollte ich rechts abbiegen, dann nach links und nach 50 Metern war ich am Ziel.

Mir wurde die Hoteltür geöffnet und nach der Überprüfung meiner Personalien erhielt ich meine Reisetasche. Der Wirt stieg mit meiner Reisetasche vor mir die Treppen in den 3. Stock, ich war vielleicht sauer. Dann kam die große Überraschung, beim Öffnen des Fensters hatte ich einen freien Blick auf die Kathedrale.

Ein schöneres Geschenk hätte mir der Reiseveranstalter nicht machen können.

Da hatte ich weit gefehlt, denn auf dem Sekretär stand eine Schachtel mit Pralinen, mit der gleichen Aussicht auf dem Cover, die ich auch vom aus Fenster hatte, als Begrüßung.

„Lasst uns gemeinsam die Ankunft in Santiago feiern!"
„Danke schön Santiagoways, ihr habt mir eine besonders schöne Reise geschenkt, die ich nie vergessen werde!“

Nach einem Bad in der Wanne und einer kleinen Ruhepause stieg ich wieder zur Kathedrale hinauf. Ich machte eine Führung durch die Kathedrale und fand im Empfang noch ein schönes Kinderbuch über Santiago de Compostela. Auf dem Platz vor der Kathedrale stand ein Auto mit vielen kleinen Anhängern.
Ich wurde darüber aufgeklärt, dass gleich die Stadtrundfahrt beginnt. So kaufte ich mir für sechs Euro eine Fahrkarte und erhielt als Geschenk noch ein paar rosa Kopfhörer, damit ich diese an einen Automaten im Autoanhänger anschließen kann, um die Stadterklärung in meiner Sprache zu hören.
Nun begann es zu regnen. Es war der erste Tag, meiner ganzen Pilgerreise, an dem es regnete. Das konnte mir egal sein, denn ich saß, sicher vor dem Regen, im Autoanhänger und hörte der Erklärung zu.

Dabei erfuhr ich, dass Santiago de Compostela, die Landeshauptstadt von Galicien ist und eine sehr alte Universitätsstadt. Neben den vielen Studierenden kommen jährlich viele Pilger in die Stadt.

Als ich von der Stadtrundfahrt zur Kathedrale zurückkehrte, hörte der Regen auf und ich konnte die Stadt nochmals zu Fuß besichtigen und den kleinen Stein an seinen Bestimmungsort bringen.

Im Hotel erklärte mir der Mitarbeiter vom Empfang noch den Weg zum Flughafen für den Abreisetag.

Abreise

Ich habe mir am Morgen noch einmal ein Vollbad gegönnt. Da ich mit meinen geschwollenen Füßen nicht mehr in die Wanderstiefel passte, steckte ich diese in einen Beutel und zog mir meine Sandalen an. Nach dem Frühstück im Hotel verabschiedete ich mich von meinem Pilgerstab und stellte diesen in einen Korb vor der Tür, wo bereits andere Stöcke und Schirme auf ihn warteten.

Nach der Beschreibung sollte ich mit meiner Reisetasche, meinen Rucksack und dem Beutel mit den Stiefeln nur zehn Minuten Fußweg bis zum Bus Linie A6 zum Airport haben. Ich lief die Straße hinauf, rechts herum und dann wieder geradeaus.
Zur Unterstützung hatte ich mein Navi so programmiert, dass es mich von meinem Standort zum Airport bringen sollte.

Mein Navi machte mir Mut und teilte mir immer wieder mit, dass ich auf dem richtigen Weg sei. Nach einer ¾ Stunde wurde mir meine Last zu schwer und ich vertraute dem Navi nicht mehr. Ich betrat eine Tierklinik und fragte da nach dem Bus zum Airport. „Oh, da müssen Sie zum Bus Linie 6 und zurückfahren zum Bahnhof".

Die nette Tierärztin zeigte mir, dass der Bus gleich vor der Tür abfährt.

Ich nahm mir mein Navi noch einmal vor. Wieder war ich richtig, sie müssen nur noch 15 Kilometer bis zum Ziel laufen. Das auf keinem Fall, mit meinem Gepäck!

Kurze Zeit später kam der Bus 6. Ich fragte die Fahrerin nach dem Bus zum Airport. Sie forderte mich auf einzusteigen, ich zahlte ihr einen Euro und nach drei Minuten standen wir am Bahnhof hinter dem Bus 6A. Sie hielt ihren Bus mitten auf der Straße an und ließ mich aussteigen, dann winkte sie und fuhr weiter.

Ich stieg glücklich in den Bus zum Airport und fuhr den ganzen Weg zurück, den ich am Vortag gepilgert war. Am Flughafen erhielt ich ohne Probleme meine Bordkarten bis Madrid und von Madrid nach Zürich, mit einigen Wartezeiten. Die Flüge verliefen ohne Zwischenfälle.
In der Nacht gegen 23 Uhr kam ich in Zürich am Flughafen an. Nachdem ich den Flughafen verlassen hatte, begab ich mich zu einem Shuttle und fragte, ob sie mich zum Flughafenhotel mitnehmen könnten.
„In welches der vielen Flughafenhotels wollen sie denn?“, war die Frage des Fahrers.

Ja, wie hieß das Hotel denn gleich. Ich suchte mein Smartphone. Das blieb dunkel, der Akku war leer und alle meine Buchungsdaten befanden sich auf diesem Gerät. Ob ich wollte oder nicht, so musste ich wieder ins Flughafengebäude und dort mein Smartphone aufladen. Endlich nach langer Zeit konnte ich die Datei öffnen. Es ist das „Intercityhotel" und die Uhr war auf 23.40 Uhr vorgerückt. Mir blieb in der Not nur noch die Möglichkeit ein Taxi für 30 Schweizer Franken zu bestellen. Ich stand verzweifelt vor der Ausgangstür, da kam ein Shuttle mit der Aufschrift „Intercityhotel".

Mir fiel ein Stein vom Herzen. 23.55 Uhr checkte ich ein. Ich bekam eine Schlüsselkarte, für das Zimmer Nummer 154, mit dem Hinweis der Fahrstuhl wird nur mit der Karte geöffnet. Ich stand im verschlossenen Fahrstuhl und wusste nicht, wie ich die Tür öffnen sollte.
So habe ich eine Viertelstunde herumprobiert, bis ich endlich die Tür im ersten Stock zum Öffnen bewegen konnte. Dann der weite Weg vom Fahrstuhl bis ins Zimmer 154. Diese Tür ließ sich leicht öffnen. Das Zimmer war exklusiv, ja auch etwas teuer! In einer beleuchteten Bar stand eine Flasche mit Wasser und auf dem Sekretär ein Tablett mit einem Wasserkocher, verschiedenen Sorten Kaffee, Tee und Milch.

Ich schaute aus dem Fenster und sah eine Straße mit vielen Flughafenhotels und einem Schnellrestaurant. Ich musste erst 12.00 Uhr aus checken, so blieb mir genug Zeit, um auszuschlafen. Am Morgen entdeckte ich neben dem Hotel noch einen Aldi Discounter.

So begab ich mich nach dem Duschen gegen 10.00 Uhr auf die Einkaufsmeile. Ich wollte mir etwas zu essen kaufen und kleine Geschenke für die Familie daheim. Die hohen Preise hielten mich von einem Kaufrausch ab. So kaufte ich nur das Nötigste und dummerweise eine Dose Schweizer Tee, dabei hatte ich nicht an die Flughafenbestimmungen gedacht.
Ich fragte im Geschäft, wie ich am schnellsten zum Flughafen kommen kann. Für ein Taxi sollte ich 30 Franken bezahlen, der Bus kostete 15 Franken, ich hatte gar nicht so viel Geld getauscht. Im Hotel packte ich alles zusammen, es war inzwischen fast 12 Uhr. Ich fragte nochmals im Hotel, wie ich zur Bushaltestelle komme, da bot man mir an, einen Shuttle für sechs Franken zu bestellen. Glücklich bezahlte ich die Gebühr gleich im Hotel. Eine halbe Stunde später war ich wieder im Flughafen in Zürich. Nun musste ich noch vier Stunden warten. Meine Bordkarte erhielt ich ohne Probleme, ich kannte mich ja hier aus und die Mitarbeiter konnten sich noch an mich erinnern.

Ich trank noch einen Cappuccino. Die Bedienung fragte mich gleich, ob ich die anderen Unternehmungen nach dem Stranden im Flughafen Zürich gut überstanden hätte.
Ich setzte mich auf eine Bank und wartete auf meinen Flug. Zwei Ordensschwestern nahmen mir gegenüber Platz und entdeckten meine Jakobsmuschel. „Schwester, sie waren in der heiligen Stadt?" Dann unterhielten wir uns über unsere Erlebnisse auf dem Jakobsweg, denn auch die zwei Schwestern waren vor kurzer Zeit in Santiago de Compostela. Sie wünschten mir zum Abschied Glück und Gottes Segen.

Ich hatte im Flugzeug in der 25. Reihe den Platz D. Als ich meinen Platz aufsuchte, waren alle Fächer für das Gepäck gefüllt. So hätte ich die Reisetasche, Wanderstiefel und den Rucksack unter meinen Sitzt stellen müssen, das ging aber nicht. Wohin dann mit meinen geschundenen Füßen. Ich fand in einem Fach noch eine freie Stelle und sagte das dem Herrn neben mir. Dieser stellte daraufhin seine Reisetasche da ab. In dem Moment sah er mein verzweifeltes Gesicht. Und meine enttäuschte Bemerkung kam ihm dann auch erst ins Bewusstsein. Ich hatte ja den Platz für meine Reisetasche zuerst gefunden. Wir bekamen es hin, beide Gepäckstücke in dieser Lücke unterzubringen.

Und zu allem Überfluss saßen wir auch noch zusammen. Nach einer Weile erzählte mir der sehr seriös aussehende Mann, dass er mit seiner Familie eine Kurzreise nach Dresden unternimmt.
Danach stellte er mir seine Frau und Tochter, die hinter uns saßen, seinen Sohn und die italienische Schwiegermutter vor. Er hatte wohl mitbekommen, dass ich auf der Heimreise nach Dresden war. Und so fragte er mich nach Sehenswürdigkeiten von Dresden aus.
Ich antwortete ihm gern, denn ich freute mich auf meine Heimatstadt. Er stellte fest, dass ich sehr gut über Dresden Bescheid wisse.
Da erklärte ich ihm, dass ich mehrere Bücher über Dresden geschrieben habe. Unter anderem „Dresden - historischer Reiseführer", für das mir Helmut Kohl seine Rede vor der Frauenkirche zugearbeitet hatte. Damit erweckte ich sein Interesse. Er fragte, ob ich bereit sei, ihn und seine Familie durch Dresden zu führen. Der Flieger setzte zur Landung an. Mit dem Versprechen, ihn und seine Familie am Samstag vom Hotel zu einer Führung durch Dresden abzuholen, verabschiedeten wir uns.

Am Samstag, stand ich Punkt Zehn am Eingang des Hotels. Der Fremde kam zuerst und begrüßte mich freundlich, seine Familie werde ihm folgen. Er stellte sich und seine Familie mit

Vornamen vor und meinen Namen Carla-Maria kannte er von meiner Visitenkarte. Es war wie auf dem Jakobsweg, wir waren eine Gemeinschaft, die ein Ziel verfolgten, einen schönen Tag in Dresden zu erleben.
Im Stadtmuseum fanden wir noch ein Exemplar meines "Historischen Reiseführers".
Mit der Straßenbahn Linie 12 fuhren wir zum Schillerplatz und liefen über das Blaue Wunder. Vom Körnerplatz aus fuhren wir zuerst mit der Schwebebahn nach Oberloschwitz und genossen die schöne Aussicht über die Stadt. In dem Schwebebahnmuseum ist alles über die Geschichte der Schwebebahn erklärt und auch die Stadtteile wurden auf der Aussichtsplattform genau beschrieben. Die Fahrt dauerte nur fünf Minuten und dabei wurde nochmals die Geschichte der Schwebebahn erklärt.
Danach begaben wir uns zur Standseilbahn. Auch hier wurde auf der Fahrt nach oben die Geschichte dieser einzigartigen Bahn beschrieben. Am Luisenhof vorbei entlang der Plattleite entdeckte mein Begleiter das Türschild an Gunther Emmerlichs Haus.
„Ja, diesen Sänger kennen wir auch in der Schweiz“. Das freute mich.
Manfred von Ardenne war ihm nicht bekannt, aber die Erfindungen, unter anderem die Bildröhre schon.

Für die Kinder war die Sternwarte ein Höhepunkt und der weiße Hirsch an der Straßenbahnhaltestelle der Linie 11. Wir fuhren mit der Straßenbahn in Richtung Stadt. So konnte ich Ihnen die drei Schlösser zeigen und ihre früheren Funktionen erklären.
Auch, wo der jetzige russische Präsident Wladimir Putin wohnte und wirkte. Sie genossen die schöne Aussicht und konnten nicht verstehen, dass Dresden, wegen einer unauffälligen Brücke den Titel „Weltkulturerbe“ verloren hatte. Am Albertplatz stiegen wir aus der Straßenbahn aus und liefen in Richtung „Goldener Reiter“ zur Hofkirche. Auf der Brühlschen Terrasse in einem Cafe endete unsere Pilgertour durch Dresden.

Ich gab den Gästen noch ein Autogramm in den "Historischen Reiseführer".

Nun bin ich endlich „daheeme“, in der schönsten Stadt der Welt, in meinem Dresden.

Referenz an Dresden

36 Markgrafen, Kurfürsten und Könige
kamen im Fürstenzug geritten,
die Leistungen der Wettiner sind unumstritten.

Seuchen, Kriege, Zerstörung und Brände,
dagegen Zwinger, Semperoper und
Böttchers goldene Hände.

Kunst und Kultur prägt die Stadt,
das ist das Erbe, was Dresden heut‘ hat.

Zwei totalitäre Regime wollten zerstören,
was den Dresdnern dereinst sollt gehören.

Dresden ist schön, wie nie vorher,
das gilt es zu erhalten bei unserer Ehr!

© 2003 CM Groß

Auswertung

Ich hatte für mich den besten Reiseveranstalter „Santiagoways“ gefunden. Alle Unterkünfte wurden mit großer Sorgfalt ausgewählt. Insbesondere die Hotels, abgelegen vom Jakobsweg, waren eine besondere Überraschung.

Der Transfer des Gepäcks erfolgte reibungslos und sehr zuvorkommend.
Alle Herbergsbetreiber waren sehr verbindlich und ich habe mich überall wohl gefühlt.
Die Strecken sind gut, auch für über 70-Jährige zu schaffen.
Am vorletzten Tag, die 17 Kilometer war eine Herausforderung, aber auch eine Kontrolle, welche Kondition ich schon erreicht habe.

Ich bedanke mich bei allen Organisatoren, Santiagoways, den Hotelbetreibern und dem Shuttle Unternehmen für diese gelungene Pilgerreise.

Ich habe ein Teil meines Urvertrauens zurückgewonnen und den Glauben an das Gute. Bereits nach einem Monat habe ich meine Wohnung gekündigt und mich von falschen Freunden getrennt.

Buen Camino

Eines Tages ganz spontan machte ich meinen Laptop an. „Jakobsweg“ gab ich dann ein und alles andere ergab sich von allein.

Auf dem Jakobsweg fühlen sich Menschen aus aller Welt verbunden.
Sie haben ein Ziel und das wollen sie mit dem Gruß „Buen Camino" bekunden.

Die Faszination des Camino ist nicht wegzuleugnen.
Man muss es selbst erleben. Um von ihm Kraft zu schöpfen und die Herzlichkeit der Pilger an die Menschen daheim weiterzugeben.

Du pilgerst nicht allein,
dein Schatten wird immer vor dir sein.

100 Kilometer und zwei Stempel im Pilgerausweis pro Tag sind Pflicht,
sonst bekommst du die Compostela nicht.

Die Stempel fand ich in Kirchen, Albergue, Bars und mobilen Stand,
wo ich neben Essen und kühlen Getränken auch noch Souvenirs fand.

Von Sarria meiner ersten Stationen ging es bergab.
Unter einem riesigen Viadukt stand der Pilgerstein 112.
Mir wurde bange,
das Ziel ist so weit und der Weg so lange.
Schon ging es wieder bergauf an alten Bäumen vorbei aus dem Tal.
Das war für den ersten Tag eine Qual.

Weit unter mir sah ich das Viadukt und die Windräder im Nebel versinken.
Darauf konnte ich am Pilgerabend ein kühles Bier trinken.

Die frühlingshafte Landschaft wurde von Tag zu Tag schöner. Das Pilgern erträglicher, weil ich diese Jahreszeit mag.
Jede Bar war eine Wonne, gab sie mir Schutz vor der heißen Sonne.

Dann sah ich Flugzeuge starten und landen.
So kam ich meinem Ziel näher und
meinem Willen es zu schaffen kam mir nicht abhanden.

Die zwei Wächter vor Santiago grüßten mich aus der Ferne.
Es war so ergreifend, nun hatte ich das Pilgern gerne.

Nach vier Kilometern stand ich ergriffen vor der Kathedrale,
vergessen waren alle Schmerzen und Quale.

Nächstes Jahr setze ich das Pilgern fort.
Zum Kilometer „0“ am Atlantik
nach einem am Ende der Welt liegenden Pilgerort.

Auf dem Französischen Jakobsweg pilgerst du nicht allein, dein Schatten wird immer vor dir sein.

Teil II Portugiesischer Jakobsweg

Vorbereitung und Anreise

Bereits im November 2023 begann ich meine Flüge zu buchen und das zu einem unschlagbaren Preis, pro Flug 156 € von Dresden über Frankfurt nach Santiago de Compostela. Dann buchte ich drei Übernachtungen für den ersten Tag in einer Alberga in Santiago, ein Hotel in Finisterre, sowie vor dem Tag des Rückfluges, in der Nähe des Flughafens, in Lavacola eine weitere Alberga.

Eine Alberga/Pilgerunterkunft ist sehr preiswert. Diese Unterkünfte sind mit Doppelstockbetten in kleinen oder großen Räumen ausgestattet, haben in der Regel immer WLAN, Duschen, Gemeinschaftsküchen und Waschmaschinen.
Einen Monat vor der Abreise im März 2024 arbeitete ich meine Pilgerstrecke aus. Ich wollte in 5 Etappen die 117 Kilometer von Portugal nach Spanien unterteilen, dabei habe ich mir die jeweilige Strecke genau eingeprägt.
Schon bei der Planung hatte ich den Wunsch, einmal mit einer spanischen Eisenbahn zu fahren.

Es ist keine Kunst einen Rucksack zu packen, aber einen Rucksack für 14 Tage auf 4 Kilogramm mit Schlafsack zu beschränken, schon.
Ich fand einen preiswerten Rucksack, der sich wie ein Koffer öffnen lies und viele extra Staufächer hatte. Damit ich ganz gezielt meine Medikamente, die technischen Geräte und das Informationsmaterial unterbringen konnte, um sie bei Bedarf sofort wieder zu finden.
In meinem Rucksack befanden sich zweckmäßige Kleidung, einmal Wechselwäsche, Regenbekleidung, Sandalen, weiche Socken ohne Naht, Medikamente und Kosmetik, soweit bei einer Flugreise erlaubt ist. Handy, Ladegerät und Kopfhörer mussten immer griffbereit sein und zum Abschluss bedeckte alles ein Handtuch.
Auch wenn ich diese Reise alleine angetreten hatte, umfasste meine mentale Reisegruppe 20 Personen, mit denen ich einen regen Austausch über das Handy an den jeweiligen Abenden führte.
So stand ich in ständiger Verbindung mit meiner Familie, Sonja, dem Pflegefrauchen meines vierjährigen Hundemädchens Mädi, meinen Schulfreunden aus der Mechanikerlehr-Ausbildung im Funkwerk Dresden.

Auch meine Hundegassirundenfreunde aus dem alten und neuen Wohngebiet schickten mir immer wieder motivierende Nachrichten auf mein Handy. Ich hatte die Fotos meiner Familie, Freunde und meiner vierbeinigen Lieblinge Mädi und Luna auf dem Handy immer bei mir. Sonja gab mir ein Bild ihres verstorbenen Sohnes mit. Ich kannte Norbert sehr gut, er war ein aufrichtiger und fürsorglicher junger Mann. Immer wenn ich bat auf die Rückseite von Norberts Bild einen Stempel, zu erhalten, bekam ich Anerkennung und kleine Geschenke. Ich hatte manches Mal das Gefühl, dass Norbert in meiner Nähe ist und mich beschützt.
Dabei kam mir der ergreifende amerikanische Film über den Jakobsweg in den Sinn. Da erfuhr ein Vater von dem Unfalltod seines Sohnes auf dem Jakobsweg. Der Vater pilgerte mit der Urne des Sohnes von Frankreich bis zum Ende der Welt, um die Asche des Sohnes dem Atlantik zu übergeben. Immer wieder sah der Vater seinen Sohn, mal auf dem Pilgerweg, dann wieder in der Kathedrale von Santiago de Compostela das Weihrauchfass schwingen.
Am 7. April fuhr mich meine Tochter Daniela früh auf den Flughafen. Die Maschine startete pünktlich und so war ich nach einer Stunde in Frankfurt und gleich nach einem kleinen Zwischenstopp ging es drei Stunden lang weiter nach Santiago de Compostela.

Ankunft in Santiago

Da ich mich hier auskannte, war es für mich kein Problem mit dem Bus 6A die 15 km nach Santiago zurückzulegen. In Santiago kam ich 17.00 Uhr an. Mithilfe von zwei netten Spanierinnen fand ich meine Alberga gleich in der Nähe der Kathedrale.

Ich hatte in einem abgetrennten Raum das untere Bett eines Doppelstockbettes und gleich daneben einen Kamin.
Sofort kaufte ich mir einen Pilgerstab mit der Aufschrift „Camino nach Santiago de Compostela“. Die nette Concierge Alicia konnte mir nicht sofort den Verkaufspreis nennen.
Sie bat mich um etwas Geduld, um Rücksprache mit dem Herbergsleiter zu nehmen.

Ich saß im Vorraum und aß ein Stück Kuchen, das ich noch am späten Abend in der Bäckerei nebenan kaufen konnte.
Da kam ein junger Mann an die Rezeption und meldete sich ab. Zu mir gewandt sagte er, „kommst du mit in die Kathedrale zur Abendmesse?"
Ich war gern bereit, ihn zu begleiten. Der junge Pilgerer hinkte. Er meinte dazu, das sind die Folgen von 40 Kilometer Fußmarsch. Er hatte Sehnsucht nach seinen Kindern und wollte mit dieser Messe seine Pilgerschaft abschließen und am nächsten Tag mit dem Bus nach München zurückfahren.
Nach fünf Minuten erreichten wir den rechten Seiteneingang der Kathedrale. Mit dem Zauberwort „Messe" wurden wir hineingelassen. Die Messe wurde nur in spanischer Sprache gehalten. Ich suchte um sonst das große Weihrauchfass. Es war in der Reparatur.
Neben mir in der Kirchenbank saß eine stark erkältete Pilgerin, deshalb zog ich es vor, die Messe vorzeitig zu verlassen.

Am nächsten Morgen nach einem reichhaltigen Pilgerfrühstück, Colacao, Jogurt, Banane erhielt ich meinen neuen Pilgerstab für 12 € und machte mich auf den Weg zum Busbahnhof. Den Weg kannte ich vom vorhergehenden Jahr.

An der Kasse der Bushaltestelle traf ich den jungen Pilgerer von vorherigen Abend wieder. Seine Knieschmerzen waren stärker geworden. Obwohl er mit einem Kurztripp nach Finisterre liebäugelte, zog er die Busfahrt in die Heimat vor. Wir hatten noch genügend Zeit bis zur Abfahrt unserer Busse und so kamen wir ins Gespräch und bedauerten, uns erst so spät, über unsere Erfahrungen auf dem Jakobsweg austauschen zu können. Ich musste zuerst zu meinem Bus an den Haltesteg 10.
Der Münchner winkte mir noch lange nach.
Die Busfahrt dauerte drei Stunden über ca. 120 Kilometer.

Von Santiago nach Tui

Ich genoss die abwechslungsreiche Fahrt durch die gesunde grüne Landschaft, das war auch die Strecke, die ich in den nächsten Tagen zurück pilgern musste. Die Fahrt endete im portugiesischen Grenzort Valenca in einer Bus-Station. Hier suchte ich erst einmal, indem ich durch ein Neubaugebiet laufe musste, nach den Zeichen des Jakobsweges. Nach zehn Minuten hatte ich den Ausgangspunkt meines Pilgerweges gefunden.

Nun befand ich mich auf dem Portugiesischen Jakobsweg, der mit 117 Kilometer angegeben war.
Der Weg führte an einer alten Stadtmauer entlang. Auf einem Parkplatz standen viele Autos, es war zu dieser Mittagszeit menschenleer. Ich sah einen Torbogen und ein Weg führte steil bergauf.

Plötzlich stand ich in der Altstadt von Valenca.
Hier gab es viele Geschäfte mit preiswerten Souvenirs.
Wovon ich gern einige mitgenommen hätte, wäre da nicht die beschränkte Transportkapazität meines Rucksacks gewesen.

Von der Festungsmauer hatte ich einen freien Blick auf Valenca den Grenzfluss zu Spanien und die grünen Berge von Portugal.

Ich besuchte in der kleinen Festung das Pilgerbüro und kaufte dort mein Pilgerausweis

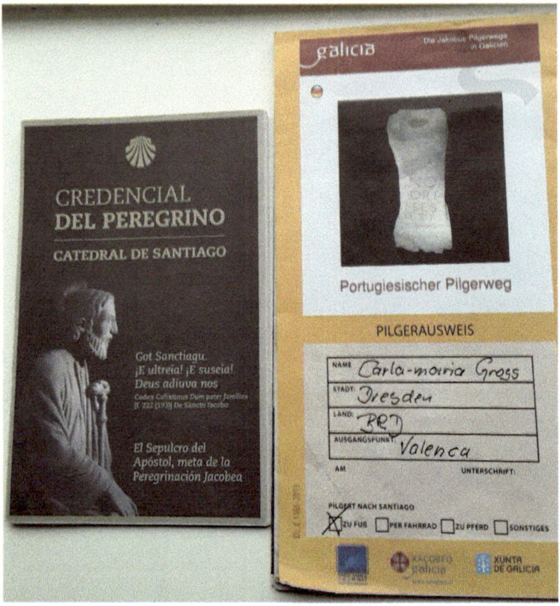

Nach fünf Kilometer war ich, nachdem ich eine Brücke überquert hatte, bereits in Spanien.

Nun lag ein langer Anstieg, zu meiner ersten Übernachtung auf dem Camino in Tui, vor mir.

Auch hier hatte ich wieder das untere Bett und nette Amerikaner als Bettnachbarn, die aus Vietnam dahin umgesiedelt waren.

Das Ehepaar war so ruhig und angenehm.
In Tui lernte ich die 69-Jährige Maria aus Essen kennen, sie pilgerte mit drei älteren Herren einem Zahnarzt, 76 und zwei Beamten 76 und 80 Jahren. Maria erzählte mir; „wir waren mehr, nun haben wir Jesus verloren. Für seine Freundin waren wir zu schnell und sind zu viel Kilometer am Tag gepilgert".
Die Freundin war nicht Maria Magdalena, der richtige Jesus hätte durchgehalten. Die Gruppe lief in der Regel 30 km am Tag. Also ist der Portugiesische Jakobsweg für Senioren geeignet und nicht so anspruchsvoll.

Von Tui nach Vigo / Redondela

Es war sehr früh, noch dunkel, als ich am nächsten Tag in Tui aufbrach. Da es in der Stadt keine Hinweise auf den Jakobsweg gab, orientierte ich mich nach der im Osten aufgehenden Sonne. Demzufolge musste ich in nordwestlicher Richtung pilgern.

Ich nutzte die Wege neben der viel befahrenen Landstraße. Nach zehn Kilometer kamen mir Bedenken, weil ich immer noch nicht die Muschel und den gelben Pfeil sah.

Ich fragte auf einem Bauernhof, die Bäuerin, die gerade ihre Hühner fütterte nach dem Jakobsweg, indem ich ihr meinen Pilgerstab und die Muschel am Rucksack zeigte.
Die Frau schaute mich mitleidig an. Dann sagte sie lächelnd, „Momento!“ und rief ihren erwachsenen Sohn. Dieser sagte nach ihrem Bericht nur, „OK!“, und holte sein Moped aus der Scheune. Danach bat er mich, aufzusteigen. Nach einer rasanten Fahrt hielt er an einem Pilgerstein an. Er lies mich absteigen, tippte an seinen Hut und grüßte freundlich, „Adios, Buen Camino!“

Ich pilgerte drauflos, um endlich wieder Kilometer um Kilometer weniger zu haben, da sah ich auf einmal den Atlantik links neben mir. Nun begriff ich erst, wo ich eigentlich gelandet war, auf dem Küstenweg.

Der nächste Pilgerstein und mein Handy gaben mir Auskunft, dass ich noch fünf Kilometer bis zur Bucht pilgern musste, um am Ende des Küstenweges in Vigo anzukommen.
Ich sah auch, dass ich von Vigo egal wie, noch weiter nach Redondela auf den regulären Jakobsweg gelangen musste.
Nun stand ich in der größten Stadt von Galicien, der Universitätsstadt Vigo mit einer viertel Million Einwohner. Vigo hat einen feinen weißen Sandstrand. Der Hafen ist einer der größten Naturhäfen der Welt.

Ich lief durch schöne Arkaden und hohe Gebäudekomplexe. Darin fühlte ich mich verloren. Plötzlich stand ich vor einer Tankstelle.
Ich trat hinein und bat die Angestellte, die gerade einen Spanier bedient hatte, mir zu helfen. „Wie komme ich von hier nach Santiago de Compostela?“

Die Frau schüttelte mit dem Kopf. Ihr Kunde nahm das Handy aus meiner Hand und gab einige Koordinaten zum Busbahnhof ein.
Und schon begann mein Handy mir Anweisungen durch die Stadt zu erteilen, so schnell konnte ich mich gar nicht bedanken und verabschieden. „Buen Camino“, riefen mir die beiden freundlich nach.
Ich gelangte durch enge Gassen endlich zum Nordweg, da hatte mein Handy plötzlich Funkstille.

Ein spanischer Passant half mir weiter und brachte mich in einen riesigen Gebäudekomplex der EXPORTA.

In diesem Bauwerk fuhren im unteren Geschoss Fernzüge. In der Mitte befand sich die Busstation, zu der ich verzweifelt den Eingang suchte.

Oben gab es eine riesige Aussichtsplattform, von der ich den Busbahnhof sah, aber keinen Zugang fand. Deshalb fuhr ich mit dem Fahrstuhl hinunter in die belebte Stadt.

Jedoch auch hier gab es keinen Hinweis zum Busbahnhof. Deshalb blieb mir nichts anderes übrig als wieder den Fahrstuhl zu besteigen und auf die Plattform zu gelangen.
Von da fuhr ich mit der Rolltreppe in Richtung Fernzüge und da entdeckte ich den Fahrstuhl, der zum Busbahnhof führte.
Ich konnte mich nunmehr eine Stunde in der Sonne von meinem unbeabsichtigten Pilgerabenteuer bis zur Abfahrt des Busses nach Redondela erholen.

Die Busfahrt dauerte 30 Minuten. Nun stand ich wieder auf dem Portugiesischen Jakobsweg im Zentrum von Redondela. Von weitem sah ich ein Viadukt, unter dem der Jakobsweg entlang führte.
Unweit davon ist die Meeresbucht mit einem Traumstrand, doch für heute hatte ich genug Meerblick, deshalb zog ich es vor meine Unterkunft aufzusuchen.

Wenige Schritte weiter fand ich meine Unterkunft in der Alberga „A Casa da Herba" und erhielt in einem sechs Doppelbettzimmer ein unteres Bett. Nach dem Duschen brauchte ich an diesem Tag nichts mehr als einen geruhsamen Schlaf.

Von Redondela nach Pontevedra

Am nächsten Tag stand ich wieder sehr früh auf, um nach dem Frühstück nach Pontevedra zu pilgern.
In einem Wald nach einem leichten Aufstieg hörte ich Musik.

An einem Rastplatz stand ein Mann mit einem Dudelsack. Ich hatte gelesen, dass Galicien insbesondere am Atlantik als Irland von Spanien genannt wird und deshalb ist auch der Dudelsack das beliebteste Musikinstrument in dieser Region. Die Melodie des Spaniers ging mir ins Ohr und begleitete mich noch lange auf meinem Pilgerweg.

Es war inzwischen sehr heiß geworden, ich setzte mich an einen Teich und kurz darauf hatten es sich die Frösche vorgenommen, mir ein Ständchen zu bringen. Ich musste weiter pilgern und fand auf einer schattigen Anhöhe einen Händler, der mir ansah, dass ich am Ende meiner Kräfte war. Er wollte mir unbedingt eine eisgekühlte Cola schenken.

Ich fand das so liebenswert und wir kamen ins Gespräch. Daraufhin kaufte ich eine Muschelkette, die er selbst gefertigt hatte und mir persönlich anlegte, eine kleine handgefertigte Geldbörse und eine eisgekühlte Cola.

Er erlaubte mir auch ihn, zu fotografieren. Nach einer längeren Pause hatte ich wieder Kraft gesammelt und verabschiedete mich von ihm.

Da nahm er noch eine eisgekühlte Cola aus seiner Gefriertasche und schenkte sie mir.
Mit dem Rat auf keinem Fall unten im Ort die ausgeschilderte Pilgerstraße zu benutzen, sondern den bewaldeten ein Kilometer längeren Weg entlang des Flusses einzuschlagen, verabschiedeten wir uns. Dieser Weg war unendlich lang mit vielen Bögen und sehr feuchtem Boden mit vielen Wurzeln.

Immer war eine Person vor mir, ein älterer Herr mit einem Gehstock, diesen löste ein jüngerer Mann mit einem Hund ab.

Nur einmal lief ein Pilgerer an mir vorbei und beschwerte sich über den Weg und dass seine Schuhe dadurch verdreckt würden. Warum ist er dann nicht auf der heißen Asphaltstraße geblieben? Nach einer Ewigkeit kam ich endlich in Pontevedra an. Ich fand eine Herberge im Ortskern, gleich neben dem Bahnhof.

BBVA hieß die moderne Herberge. Hier durfte ich sofort meine Wäsche in die Waschmaschine geben

und bekam sie nach einer Stunde trocken und wohlriechend für 4 € zurück.

Danach kaufte ich im Supermarkt preiswert ein und ging früh in mein unteres Doppelstockbett.

Von Pontevedra nach Patron

Ich hatte mir vorgenommen einmal mit einer spanischen Eisenbahn, zu fahren.
Die Gelegenheit fand ich, weil meine Alberga genau am Bahnhof lag.

So bin ich 45 Minuten mit einer gut organisierten spanischen Eisenbahn gefahren.

(Wer Bücher über den Konstrukteur der ersten deutschen Dampflok Saxonia schreibt, muss unbedingt die anderen Eisenbahnen kennen lernen, da stimmen Sie mir doch zu Seite 167)

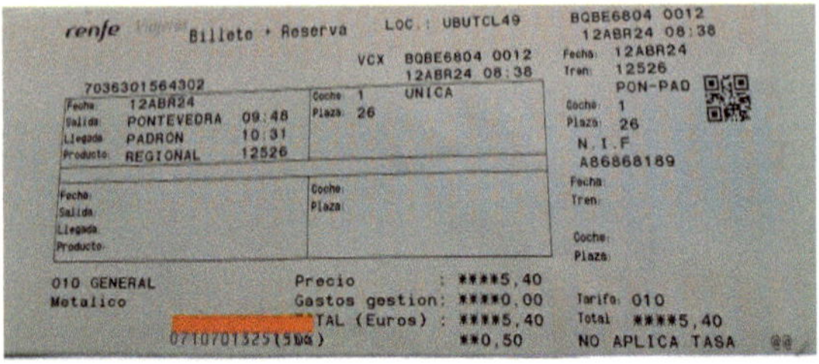

Nun hatte ich schlechtes Gewissen, ich erhalte ja nur die Pilgerurkunde in Santiago, wenn ich die ganze Strecke gepilgert bin und lügen wollte ich nicht. Der Zug hielt in Patron und ich stieg aus. Der Bahnhof war sehr klein und unspektakulär.

Auf einer Asphaltstraße gelangte ich über einen Fluss in das Zentrum von Patron. Hier fragte ich mich bis zum Busbahnhof durch, um zu erfahren, wie ich zurückfahren kann, oder zu mindestens ins Kloster Hebron gelange. Am Busbahnhof gab es eine Bar.

Ein junger Mann beriet die Fahrgäste an den Bushaltestellen. Er schüttelte mit dem Kopf, als ich ihm meinen Wunsch erklärte, einen Bus zurück oder in die Richtung des Klosters Hebron zu finden.

So befolgte ich seinem Rat, erst einmal wieder zurück zum Bahnhof zu laufen und von da an weiter bergauf zur Autobahn.
Nach einer Stunde hatte ich die Unterführung der Autobahn erreicht und ein Schild wies mich darauf hin, dass es hier nach Pontevedra geht. Also war ich schon erst einmal auf dem richtigen Weg. Auf der anderen Straßenseite sah ich eine Bar und davor Männer, die sich in der Mittagshitze ein Glas Wein gönnten. Ich betrat die Bar. Neben dem Spielautomaten saßen zwei ältere Frauen und am Tisch in der Mitte des Raumes diskutierten drei Männer heftig.
Der Wirt an der Theke fragte mich nach meinen Wünschen. Er hatte erkannt, dass ich eine Pilgerin bin, die sich vermutlich hierher verirrt hatte. Ich bestellte mir einen Colacao und ein Bier. Kurz darauf stand der leckere aufgeschäumte Colacao vor mir. Eine halbe Stunde später erhielt ich eine kleine Schüssel mit einer Pastaportion und mein bestelltes Bier.
Ich war sehr angetan von diesem leckeren Pastagericht und das sagte ich auch dem Wirt und der Köchin. Ich fragte den Wirt nach der Toilette. Er zeigte mir die Tür und blinzelte seiner Küchenfee zu. Nachdem ich zurückkam, stand neben meinem Bier ein Teller mit vier Fleischklößchen. Diese schmeckten genau so lecker, wie die Pasta, ich hätte gern noch mehr davon gegessen. Die Bezahlung war ein Witz,

drei Euro und noch ein guter Rat, um mein Tagesziel schnell zu erreichen.
Ich sollte gleich in die nächste Straße auf der gegenüberliegenden Straße einbiegen und dann durch das Wäldchen laufen, dann wäre die Mittagshitze erträglicher und das sei eine Abkürzung zum Konvent.

Konvent Hebron

Nach einer weiteren Stunde stand ich vor der schönen Klosteranlage. Wonach ich nur noch ein paar Meter an der Klostermauer entlang den Berg hinunterlaufen musste, um an eine Holzpforte zu gelangen. Ich las zu meinem Entsetzen, dass die Herberge erst 16.00 Uhr öffnete. So breitete ich meinen Schlafsack auf der Wiese im Klostergarten aus und legte mich darauf, um die schönen alten Bäume, die sich leise im Wind bewegten, zu beobachten. Langsam füllte sich der Garten und Vorplatz der Herberge mit weiteren Pilgerern.
Ein portugiesisches Pärchen tanzte nach einer Musik aus ihren Kopfhörern. Es war eine ausgelassene Stimmung. Punkt 16.00 Uhr kam der Herbergsvater vor die Tür mit einem Schild, „Completto!“, was so viel zu bedeuten hatte, dass seine Herberge uns erwartet und alle

Mitarbeiter anwesend sind. Alle lachten und grüßten mit „Buen Camino!"
Im Vorraum mussten wir zuerst unsere Wanderstiefel ausziehen und diese in ein Regal stellen. Es waren ungefähr 20 Pilgerer, die eine Übernachtung buchten. Auch ich legte meinen Personalausweis vor. Die Unterkunft im Konvent war kostenlos, wer wollte, konnte eine Spende in den Opferstock legen. Natürlich fiel diese dann auch nicht kleinlich aus. Ich bekam Einmalbettwäsche und hatte wieder in einer Vierpilgererkabine das untere große Bett mit Vorhang. Neben mir schliefen die tanzenden Portugiesen. Sie waren vor mir in den Duschräumen und auch da tanzten sie wieder. Ich fand sie sehr sympathisch und wir kamen ins Gespräch. Die Portugiesin wollte mehr über meinen Hund Mädi erfahren. Sie erklärte mir auch schnell ihr Interesse, denn sie war Tierärztin in Porto.
Nach dem Duschen setzte ich mich zum Haare trocknen in den Klostergarten und wartete auf die für 18.00 Uhr angekündigte Führung durch das nicht mehr in Betrieb befindliche Franziskaner Kloster.
Der Höhepunkt des Rundgangs war die „Fuente de San Francisco", ein kniehohes Steinbecken, das für müde Pilgerfüße gedacht war und von einer frischen Quelle gespeist wurde.

20 Uhr begann die Pilgermesse. Es wurde in der Regel Spanisch und Englisch gesprochen, ich verfolgte die liturgischen Handlungen und betrachtete das Kircheninnere. Dabei hatte ich genügend Zeit mir die Kirchenausstattung anzusehen. Beim Betrachten des Altars stockte mir der Atem.

Ich sah in der Mitte des Altars einen alten Bekannten stehen. Sankt Antonius von Padua, der Heilige mit dem Kind auf dem Arm.
Ich begrüßte ihn gebührend, hatte er mir doch einmal geholfen.

Und das war so; Zehn Jahre fuhr ich nach Marienbad /CZ zur Kur, in das Kurhotel „Saint Antonius“.

Diese Kureinrichtung befindet sich in einer der 50 schönsten Villen im Dreibädereck. Es ist ein Familiengeführtes Kurhotel und die Mitarbeiter sind Erfüllungsgehilfen von Saint Antonius, dessen Statue in einer Nische am Eingang des Hotels die Kurgäste willkommen heißt. Es wird diesem Kurhotel nachgesagt, das wundersame Heilungen stattgefunden haben.

Mir passierte bei einem Kuraufenthalt Folgendes – die Terrasse des Hotels ist halbrund und die Autos parken davor. Ein neuer Kurgast hatte sein Auto schräg neben meinem Auto abgestellt. Beim Ausparken hatte ich große Schwierigkeiten die Rundung und die Schräge seines Autos richtig einzuschätzen. Nach meiner Rückkehr sagte mir ein Kurgast, dass er gesehen habe, dass ich das Auto beschädigt hätte. Wir schauten sofort nach. Das Auto war sehr staubig, so entfernte ich mit einem Tuch den Staub.
Das Auto hatte keinen Kratzer und auch bei meinem Auto fand ich keine Schleifspuren. Der Beobachter schüttelte, an sich zweifelnd, mit dem Kopf. Und die Hotelchefin schmunzelte, „ja, ja unser Antonius, hat dir wohl beigestanden!“

Aus Dankbarkeit malte ich einige Bilder von Antonius.

Eins davon befindet sich nun in einem goldenen Rahmen am Eingang des Kurhotels.

Und dann schrieb ich ein Buch über den Kuralltag und die Lebensgeschichte des Heiligen mit dem Kind auf dem Arm, „Kurhotel mit Herz – Saint Antonius“.

Antonius stammte aus guten christlichen Verhältnissen. Er wurde in einem Kloster ausgebildet und lernte in kürzester Zeit die Bibel auswendig. Er predigte so, dass Menschen aus allen Herrn Ländern ihn verstanden, dann war er Wanderprediger und Einsiedler. Antonius verbrachte unzählige Wunder.

Am Tag seines Todes sah der Abt ein grelles Licht in der Kammer des Sterbenden. Er öffnete die Tür und sah Antonius im Licht stehen mit dem Jesuskind auf dem Arm. Am nächsten Tag fand man Antonius Tod auf. Sankt Antonius wurde bereits nach einem Jahr von der katholischen Kirche in Rom Heilig gesprochen.

Am Ende der Messe verteilte der Priester an acht Nationen persönliche Pilgerurkunden.
Ich sprach den Geistlichen hinterher an und erzählte ihm, dass ich ein Buch über Sankt Antonius von Padua geschrieben habe.
Er strahlte mich ganz lieb an und freute sich darüber, weil ich ihm einige Geschichten über den Heiligen erzählen konnte. Daraufhin bat er mich, zu warten, ging zum Altar und nahm aus seiner Bibel etwas heraus.
Er segnete mich und überreichte mir sein Bild von Sankt Antonius. Er erklärte mir stolz, dass diese Kirche dem Heiligen Sankt Antonius geweiht ist.

Ich war dafür sehr dankbar, nun begleitet mich Sankt Antonius von Hebron in meiner Geldtasche.

Sankt Antonius ist ein Heiliger für die Reisenden, die Genesenden, Frauen, Kinder und Tiere und er hilft, verlorene Sachen wieder zu finden, deshalb wurde er auch liebevoll von den Christen „Schlampertoni“ genannt.

Geschenke, die ich auf dieser Pilgerreise bekam

Nach der Messe wurden wir Pilger mit einem gemeinsamen Abendessen verwöhnt. Es gab Linseneintopf mit Salat.
Wir saßen lange in fröhlicher Runde zusammen, das tanzende Pärchen aus Porto hatte an meinem Tisch Platz genommen.
Wir hatten uns viel von unseren Pilgererlebnissen zu erzählen. Ich erzählte von Maria und den rüstigen Rentnern aus Tui, die für Jesus zu schnell waren.

Da kam Gelächter auf, die meisten hatten Jesus auch kennen gelernt und so bekam ich das Bild von einem jungen Mann mit Bart zu sehen, der schon etwas Ähnlichkeit mit dem Göttlichen hatte.

Wir saßen lange zusammen.
Leider mussten die Portugiesen an nächsten Tag sehr früh los pilgern, um die 30 Kilometer nach Santiago und die Rückreise nach Porto zu schaffen.

Portugiesen und Spanier pilgern in der Regel am Wochenende oder an Feiertagen auf dem Jakobsweg.

Die Nacht war kurz und der Abschied herzlich.

Von Hebron nach Patron

Am nächsten Tag pilgerte ich früh wieder nach Patron, wo ich den Zug verlassen hatte.

In Patron soll der Leichnam von Jakobus an Land gebracht worden sein und dort wurde er in der Kirche aufgebahrt. Es ist nicht sicher, dass Jakobus wirklich in Santiago beerdigt wurde, aber in Patron war er wirklich, deshalb ist dieser Ort sehr geschichtsträchtig.
Ich suchte die Jakobskirche auf, um dem Apostel nahe zu sein. Hier bekam ich einen ganz besonderen Stempel und einen Rosenkranz für das Handgelenk.

Ich sah auch den Petron / Stein unter dem Altar, an dem das Boot des Apostels Jakobus festgemacht worden war, nachdem er über das Meer gebracht wurde.

Danach soll er in einem Ochsenkarren die 25 Kilometer nach Santiago zurückgelegt haben.

Ich pilgerte durch Patron und mir lief ein kleiner Hund zu. Ich brachte den kleinen Ausreißer seinem Frauchen zurück. Wir unterhielten uns über unsere Hunde und dass meine kleine Mädi auch eine Ausreißerin ist.
Da kam ein junger Mann aus dem Haus. Die Frau sagte stolz, dass dieser junge Mann ihr Sohn sei. Sie staunte nicht schlecht, als mich der junge Mann freundlich grüßte.
„Kennt ihr euch?“
Er lachte seine Mutter lieb an, und fragte mich, “haben Sie den Weg nach Hebron gefunden?“

Es war der junge hilfsbereite Mann von der Bushaltestelle vom Vortag. Man trifft sich immer zwei Mal, oder?

Von Patron zum Lagar Jesus

Danach pilgerte ich weiter und sah nach zehn Kilometern in einer Alberga einen Pool, es war mittags sehr heiß und so entschied ich mich in dieser Alberga, zu übernachten. Alle freuten sich über meinen Namen C. Maria.
„Herzlich willkommen, du bist in der Unterkunft von Jesus". Es war hier alles sehr herzlich, ich bekam sogar einen Nachmittagssnack geschenkt. In einem Schlafsaal mit 30 Doppelstockbetten hatte ich ganz hinten am Fenster ein weiches Einzelbett.

Und dann der erfrischende Pool, den ich mir mit den drei Kindern der Herbergsleitung teilen konnte.

Eine deutsche Pilgerin aus Frankfurt fragte mich: „Woher kommst du?“
„Aus Dresden, sagte ich stolz“.
„Auch, eine Rand - Deutsche!“
Ich hatte schon viel über meinen Herkunftsort gehört, gemäß der Autonummer „DD“, so meinten Mitbürger aus NRW, dass ich eine Dunkel Deutsche sei.
Irgendwie kam die Bemerkung der Frankfurterin nicht gut bei den anderen deutschen Pilgerern an. Ich hatte schon wieder, etwas anderes zu tun. Es hatte sich ein kleiner Straßenhund an meinen Tisch herangeschlichen und ich teilte mit ihm mein Abendbrot.

Der Wirt fand das so nett, dass er mir ein kaltes Bier schenkte.
Ich war vom Baden im Pool so erschöpft, dass ich mich früh ins Bett legte und meine Korrespondenz mit der Heimat erledigte.

Obwohl der Saal mit 30 Doppelstockbetten abends voll belegt war, hörte man keine Geräusche, alle waren rücksichtsvoll.

Am Morgen um sieben waren alle Betten leer und nach einem geschmackvollen Frühstück machte auch ich mich auf den Weg.

Vom Lagar Jesus nach O Milladoiro

Ich befand mich in Teo, 15 km von Santiago entfernt und suchte eine Bar auf, weil der Anstieg über das historische Pflaster von Faramelo sehr anstrengend war. Nachdem ich wieder Kraft gesammelt hatte, pilgerte ich weiter. Nach fünf Minuten konnte ich plötzlich keinen Schritt mehr vor den anderen setzen. Irgendetwas stand vor mir, wie eine unsichtbare Wand. Erst da bemerkte ich das Fehlen meines Pilgerstabes. Ich kehrte um und lief zurück zur Bar. Ein junger Mann hatte den Stab bereits in der Hand, um ihn mir nachzutragen, das Gesicht kam mir vertraut vor.

.

An diesem Tag war es wieder sehr heiß und ich fühlte mich plötzlich unwohl.

Deshalb setzte ich mich an das Steinkreuz in Rua de Francos und trank von meiner Cola, die mir ein Wirt kurz nach dem Lager Jesus, an einer Bushaltestelle verkauft hatte.

Er freute sich mit mir, deutsch sprechen zu können, und so tauschten wir unsere Erfahrungen über Land und Leute in Deutschland und Spanien aus. Zum Abschied schenkte er mir noch einen Jakobswegkugelschreiber.

Nach einer Weile ging es mir etwas besser.

Ich hatte jedoch plötzlich das Verlangen eine Bushaltestelle zu finden, um schnell in eine Pilgerunterkunft in O Milladoiro zu gelangen. Nach zwei Kilometern fand ich eine Bar. Dort fragte ich die Wirtin nach der Bushaltestelle.
Sie sah mir an, dass ich völlig erschöpft war, aber sie verstand mich nicht. Zwei junge Pilgerinnen aus Wien boten sich an, mein Gesagtes zu übersetzen.
„Oh, der Bus ist schon weg und der Nächste kommt in vier Stunden!"
Dann zeigte die Wirtin auf die Kühltruhe. Von da sollte ich mir ein Wassereis holen. Die jungen Österreicherinnen verabschiedeten sich von mir und meinten, wir sehen uns drei Mal. Ich meinte, dass es zwei Mal heißt. Sie winkten beim Verlassen der Bar und lachten. Nach einer halben Stunde ging es mir wieder gut. Ich war lediglich unterzuckert.

Ja, ich habe sehr viel auf diesem Weg gelernt und viele hilfsbereite Einheimische getroffen. Die nächsten sechs Kilometer machten mir plötzlich keine Probleme mehr.
In einem schattigen Wäldchen traf ich die Österreicherinnen wieder, sie hatten es sich im Gras gemütlich gemacht. Sie lachten, als ich an ihnen vorbei pilgerte, und hoben zwei Finger in die Luft. Ich lief über eine Schotterpiste bergauf, dann wieder bergab durch einen Wald.

Dann kam eine unendlich lange Hauptstraße, die allmählich anstieg. Die Sonne brannte gnadenlos auf uns Pilger hernieder. Ich setzte mich in eine Schatten spendende Bushaltestelle und da traf ich die zwei Österreicherinnen zum drittel Mal. Dann habe ich sie nicht mehr gesehen, sie wollten am Abend in Santiago sein.

Vor O Milladoiro standen Hinweisschilder, die für Pilgerunterkünfte warben. Ich entschied mich an diesem Tag für ein zwei Sterne Hotel, um einmal ganz allein die Nacht zu verbringen und nicht, auf andere Rücksicht nehmen zu müssen. Ich fand eine Pilgerinformation in einer Kirche. Der Mitarbeiter gab mir einen Stempel und erklärte mir den Weg zum Hotel.

Als ich das Hotel betrat, konnte ich meinen Augen nicht trauen. Ich kannte den Hoteldirektor, es war mein Gartennachbar, der mir immer so köstlichen Honig vorbeibrachte.

Nein, das kann nicht sein. Er hatte die gleiche Statur, das charmante etwas verlegene Lächeln, selbst die Kleidung war dezent und geschmackvoll.
Er verstand zuerst meine stumme Verwunderung nicht, später klärte ich ihn auf.

Er erklärte mir die Schließanlage von der Eingangstür, wieder hatte ich das Gefühl, neben mir steht mein Gartennachbar. Das Zimmer war sehr gemütlich und liebevoll gestaltet und die Betten waren weich keine Gummimatratzen, wie in den Pilgerunterkünften.

Ich reinigte meine Wäsche und mich unter der Dusche und ging auf Jagd nach etwas Essbaren am Sonntagnachmittag.

Alle Geschäfte waren geschlossen, so hatte ich nur noch die Möglichkeit, neben dem Hotel in einer Bar einen Döner zu kaufen. Ich erklärte dem Geschäftsinhaber, dass ich seinen Döner liebe, daraufhin stellte er mir noch eine eisgekühlte Dose Bier dazu, das alles für 3,50 €. In meinem Hotelzimmer machte ich es mir am Schreibtisch gemütlich und genoss den schmackhaften Döner und das kalte Bier, dann hatte ich die richtige Bettschwere und schlief sofort ein.

In der Nacht wachte ich auf und sah ganz automatisch in meinem Pilgerausweis nach, ob ich auch alle Stempel für den nächsten Tag in Santiago zusammen hatte. Da fiel mir auf der ersten Seite ein QR - Code auf.

Ich las in der Beschreibung nach und fand die simple Lösung.

Nach dem Einscannen dieses Codes erscheint eine Statistik und die muss der Pilger ausfüllen, um in Santiago seine Compostela/Pilgerurkunde zu erhalten. Nach dem Ausfüllen und Absenden erhielt ich umgehend eine Nummer zugesandt. Wer hatte mir in der Nacht diesen Hinweis gegeben?

Am nächsten Morgen erhielt ich von dem zuvorkommenden Hotelchef meinen aufgeschäumten Colacao. Er war sehr um mein Wohl bemüht. Geld wollte er keins für diesen hervorragenden Service. Zum Abschied übergab er mir noch eine Visitenkarte.

Vielleicht für meinen Doppelgänger, meinte er verschmitzt.

Ich nahm die letzten fünf Kilometer durch die Stadt nach Santiago den Linienbus.

Von Santiago nach Finisterre

Mit dem Bus fuhr ich nur zehn Minuten bis in die Innenstadt von Santiago.

Ich kam in der Touristeninformation an, legte meine Nummer, die ich in der Nacht über den QR - Code erhalten hatte vor, und fünf Minuten später war ich die stolze Besitzerin von zwei Pilgerurkunden.

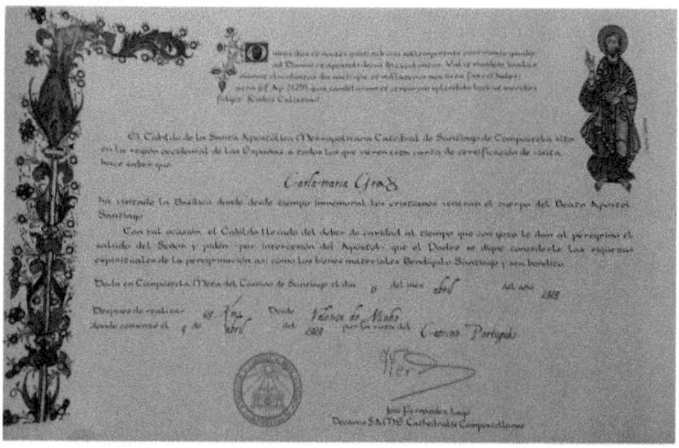

Mir wurde bestätigt, dass ich den Portugiesischen Jakobsweg gepilgert war, und damit wurde ich zusätzlich von all meinen Sünden freigesprochen.

Ich war einfach nur glücklich, als ich vor der Kathedrale von Santiago de Compostela stand.

Kurze Zeit später war ich schon im Busbahnhof. Nach dem Kauf meiner Fahrkarte fuhr auch schon der Bus nach Finisterre ab.

Als Autofahrerin habe ich sonst keine Probleme, aber diese vielen Kurven ließen eine leichte Übelkeit aufkommen. Ich hatte meine Reisetabletten nur für den Hinflug eingesteckt.

Wir fuhren immer wieder an Apotheken vorbei, grünes Kreuz, mit Zeit und Temperaturanzeigen, aber ich konnte nicht aus dem Bus aussteigen. Endlich waren wir am Ziel in Finisterre.

Ein Einheimischer begrüßte uns an der Bushaltestelle mit einer Friedenstaube auf einer Postkarte.

Das Symbol kam mir bekannt vor. Jedoch fiel mir nicht gleich ein, was ich damit verband.

Mich faszinierte erst einmal der Blick auf den Atlantik, dessen Wellen ganz ruhig an die Kaimauern schlugen.

Zuerst suchte ich mit meinem Handy nach meinem Hotel Ancora. Das war gleich unweit der Bushaltestelle, nur die Straße bergauf und dann scharf rechts. Ich wurde freundlich empfangen und zahlte 36 Euro für ein Zimmer mit Atlantikblick und Badewanne.

Nach einem ausgiebigen Bad und waschen meiner Habseligkeiten, die nach einer Stunde in der Sonne am Fenster bereits trocken waren,

machte ich mich 17.00 Uhr auf, den Ort Finisterre zu erkunden. Lange lief ich an der steinigen Küste entlang, bis es zu regnen begann. Das war das einzige Mal, das ich meine Regenbekleidung benutzen musste.

Ich fand einen Unterstand im Supermarkt, da kaufte ich reichlich für acht Euro ein. Nun fehlten mir nur noch die Reisetabletten, die ich schmerzlich bei der kurvenreichen Busanreise vermisst hatte.

Ein Fischer, der von der täglichen Fischauktion kam, führte mich zehn Minuten durch Finisterre bis zur Apotheke und erklärte mir die Sehenswürdigkeiten des Ortes.

Die Apothekerin lachte," ja das Problem mit den Kurven haben viele Pilger bei der Busanreise, deshalb haben wir genügend Reisetabletten vorrätig.

Viele Pilger verbrennen in Finisterre ihre Kleidung.

Ich hatte nur das Nötigste mit, deshalb wog mein Rucksack nur 4 Kilogramm und so konnte ich mir noch zwei Wasserflaschen einstecken.

Am nächsten Tag begab ich mich im Morgen grau an die Bushaltestelle. Immer mehr Pilgerer nutzten mit mir die frühe Abfahrt des ersten Busses nach Santiago.
Zwei Möwen machten über unseren Köpfen einen ohrenbetäubenden Lärm. Noch einmal streifte mein Blick über den Atlantik. In Finisterre ist es ein Genuss, auf den Atlantik hinauszusehen und die raue schöne unberührte Natur des Festlandes zu genießen.
Friedlich kreisten die ersten Silbermöwen über das Meer und die Wellen geleiteten geruhsam vom Westen her an den steinigen Strand.

Die Küste des Atlantiks ist zerklüftet. Wir fuhren an unberührten Fischerdörfern vorbei, dabei wurde meine Aussicht auf den Atlantik durch Pinien bedeckte Hügel behindert. Auf der Fahrt die Küste entlang sah ich immer wieder am Horizont das Kap Finisterre.

Nach einer Stunde wurde die kurvenreiche Busfahrt moderater.
Ich hatte vor Fahrtantritt eine Reisetablette eingenommen, fühlte mich wohl und konnte die vorüber gleitende abwechslungsreiche Landschaft rechts den Atlantik und links die grüne Berglandschaft mit einem großen Wasserfall genießen.

Der Bus bog auf eine Schnellstraße ab und sehr zügig waren wir bereits im Busbahnhof von Santiago.

Ungewöhnliche Ereignisse

Ich hatte bis zum Rückflug noch ein paar Tage Zeit. Ursprünglich wollte ich diese nutzen, um nach Muxia an den Atlantik zu pilgern, um da den unvergesslichen Sonnenuntergang mit zu erleben. Ich fand eine originelle Übernachtungsmöglichkeit in einem Campingwagen, direkt an einem Kilometerstein am Jacobsweg, in einem Waldgrundstück.

Über 20 Jahre war ich Dauercamperin und so reizte mich diese Unterkunft.

Eines Nachts träumte ich von dem, vor zwei Jahren verstorbenen Vater meiner Tochter.
Er wollte mir unbedingt etwas mitteilen.
Dazu kam es leider nicht, weil der Wohnwagen von einer Sturmböe erfasst wurde und ich Angst hatte mit diesem davon zurollen.
Der Wohnwagen schaukelte so stark in alle Himmelsrichtungen, sodass ich wach wurde.
So etwas kannte ich von meinem Wohnwagen, am Heidemühlenteich, unweit der Talsperre Malter, im Osterzgebirge nicht.

Ich schaltete das Licht ein, jedoch das Wackeln des Wohnwagens war so stark, dass die Birne aus der Fassung fiel. Plötzlich war es absolut dunkel. Erst da bemerkte ich, dass mein Handy blinkte. Ich schaute auf das Display und fand eine Nachricht von meiner Jugendfreundin Betty. Sie teilte mir mit, dass ihr Mann verstorben sei. Unruhe packte mich, ich stand auf und setzte mich auf die Stufen vor die Wohnwagentür.

Vor mir sah ich den Kilometerstein des Jakobsweges und es war absolute Windstille.

Ich war froh, diesen mystischen Ort noch am Vormittag verlassen zu können.

Lavacola

Jetzt hatte ich noch einen Tag, bis mein Flieger nach Deutschland startete. Zur Sicherheit hatte ich von Deutschland aus, eine Unterkunft in einer Alberga in Lavacola, 45 Gehminuten vom Flughafen, gebucht.

Nach meiner Flucht vom Campingwagen war ich sehr früh dran, die Alberga öffnete erst 14.00 Uhr und so musste ich mir die Wartezeit in einer Bar neben der Alberga vertreiben.

Vor der Bar stand ein Blechpilgerer, der Münzen prägte.

So eine Münze wollte ich für 1,05 Euro auch haben.

Ich versuchte verzweifelt mein Glück und drehte an der Kurbel, jedoch immer wieder kam mein Geld heraus und keine Münze.

In Dresden haben wir früher immer die Straßenbahn über das DDR-Blechgeld fahren lassen, das sah nicht schön aus, aber die Münze war platt.

Ein Mann beobachtete mich von der Bar aus und bot mir seine Hilfe an. Im Handumdrehen hatte ich einen Prägeerfolg und meine Münze in der Hand.
Daraufhin sah ich mir meinen Helfer genau an und musste lachen.
"Sind Sie nicht der Mann von der Treppe vor der Kirche, der Souvenirs geflochten hat. Und sie hatten einen Hund an ihrer Seite?"
"Ja, da ist mein Hund!"
Ich bückte mich zu meinem Rucksack und bat ihn, zu warten.
"Ich habe etwas für Sie aus meinem Pilgertagebuch vom vergangenen Jahr mitgebracht."
Er war der Mann, der mir vor einem Jahr den Schriftzug "Buen Camino" geflochten hatte. Ich gab ihm das Foto, das ich von ihm und seinem Hund vor einem Jahr gemacht hatte.
Er holte einen Kugelschreiber aus der Bar und bat mich, auf die Rückseite des Bildes etwas zu schreiben. Er war stolz, dass ich in meinem Pilgerbericht 2023 etwas über ihn geschrieben hatte.

Danach zeigte er in allen anliegenden Bars sein Foto mit Autogramm. Alle freuten sich für ihn und meinten, "Carlos, unser Superstar von Lavacola!"

Nachdem ich in die Alberga eingecheckt und mich geduscht hatte, suchte ich einen Supermarkt auf, um mir mein Abendbrot zu kaufen.
Ich kam vom Einkauf zurück und wollte in meine Unterkunft gehen, als mich ein Pilgerer mit zwei Begleiterinnen in einem unbeholfenen Spanisch ansprach.
Ich fragte ihn, "warum fragst du mich nicht auf Deutsch?"
Er freute sich und fragte mich nach dem Weg zum Supermarkt.
Am Abend trafen wir uns in der gemütlichen Küche wieder. Der Pilgerer fragte mich, woher ich denn komme. Er erfuhr von mir, dass ich eine Dresdnerin bin.
"Das trifft sich gut", meinte er, „bald fahren wir zu einem Familientreffen dahin".
Nun wurde ich neugierig, "woher kommt ihr drei?"

“Wir sind aus Nordeuropa. Und sind die Nachfahren von Brühl”.

Da stockte mir der Atem, Graf Brühl, Brühlsche Terrasse, der Stadthalter und Förderer der Architektur von Dresden und dem Erfinder des Meißner Porzellans.

Ich war so unverfroren, dass ich mein Gegenüber fragte, “nun, Graf Brühl war ein sehr intelligenter Mensch, davon musst du ja auch etwas geerbt haben?”.
“Ja, ich denke schon. Ich bin Prof. Dr. für Medizin an einer Universität”.
Später bekam ich eine E-Mail mit seiner Telefonnummer und dem Betreff;
„Neue Bekanntschaft“.

Das ist Irre.
Auf meiner letzten Pilgerreise 2023 lernte ich im Flieger auf dem Rückflug von Zürich nach Dresden eine Schweizer Familie kennen, die ich dann ein paar Tage später durch Dresden führte.

Eines machte mich dabei stutzig, ich sollte sie vom Steigenberger Hotel abholen. Ich dachte mir dabei, etwas teuer für fünf Personen.
Wir sprachen uns bei der Stadtführung mit "Du" und Vornamen an und auch diese Familie gab mir ihre Visitenkarte.
Zu Hause gab ich den Namen in die Suchmaschine ein und war hinterher fassungslos.
Was für eine herausragende Persönlichkeit aus der Schweiz ich mit "Du" und Vornahmen angesprochen hatte.

Am nächsten Tag vor der letzten Wanderung zum Flughafen traf ich Carlos an seinem Arbeitsplatz auf der Kirchentreppe wieder, um von ihm Abschied zu nehmen.

 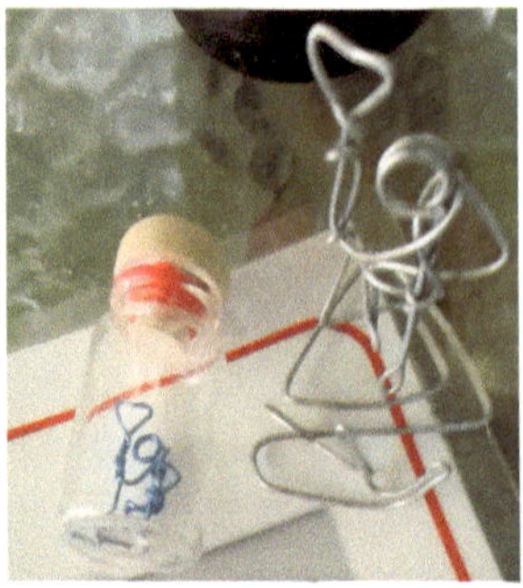

Während ich seinen Stempel in meinen Pilgerausweis drückte, hatte er schon wieder zwei Präsente für mich geflochten und sein Hund lies sich noch einmal von mir streicheln. Carlos winkte mir noch lange nach.

Abreise

Der Heimflug mit 12 Stunden Aufenthalt in der Nacht, im Frankfurter Flughafen, nach Dresden lief planmäßig.

Der Jakobsweg hat dazu beigetragen, dass mein Selbstbewusstsein gewachsen ist.
Begonnen hat es, als eine Frankfurterin mich als "Rand - Deutsche" bezeichnet hat. Und nun ist diese Rand-deutsche Stadt bei herausragenden Persönlichkeiten ein bevorzugtes Reiseziel.

Ich bin stolz auf meine Heimatstadt "Dresden".

Die kleine weiße Friedenstaube vom Ende der Welt

In Finisterre stand ein Mann am Strand
mit einer kleinen Friedenstaube in der Hand.

Sie begleitete mich nach Portugal
über Berge, Felder und tiefen Tal.

Mit Pilgerstab, Wasser und Gepäck
waren die ersten zähen Kilometer weg.

Im Kloster Hebron fand ich Ruhe und Frieden,
ach wäre das unserer ganzen Welt beschieden.

Patron war der nächste Ort,
wo der Leichnam von Jakobus ging von Bord.

Ich folgte seinen Leidensweg,
bis die Lagas Jesus kreuzte meinen Weg.

In Santiago angekommen,
habe ich meine Campostela angenommen.

Mit der Friedenstaube im Gepäck,
flog ich von diesem heiligen Ort weg.

Nun bin ich wieder zuhaus',
nichts macht mir mehr ein Ungemach aus.

Ich traf Menschen aus der ganzen Welt,
die friedlich pilgerten und glauben,
dass Liebe und Verständnis die Welt zusammenhält.

CM Groß

Fazit

Dieser Jacobsweg war für mich wie ein Spiegel. Ich erkannte meine Fehler, dass ich nicht immer jede Hand ergreifen darf, die mich um Hilfe bittet. Ich nahm nie Geld bei meinen Hilfsaktionen an und erntete deshalb oft Missgunst.

Auf dem Jakobsweg musste ich täglich an meine Grenzen pilgern und war abends glücklich, es geschafft zu haben. Und ich habe gelernt Hilfe anzunehmen. Auf Grund der Empfehlung; zur Vorbereitung, dem Weg, der Unterkünfte und der richtigen medizinischen Vorsorge, meines Sohnes Franco, der die Jacobswege nach Santiago unzählige Male gepilgert ist, habe ich über 1000 € sparen können und hatte keine Blasen an den Füssen. Leider gibt es seinen Videokurs, **„Jakobsweg Komplettkurs – die perfekte Vorbereitung“,** erst seit Mai 2024.
Ich hätte mir manche Irrwege und zusätzliche Kilometer ersparen können.

Ich traf Menschen, die mir vertrauten und mich mit ihren Lebensgeschichten reichlich beschenkten. Das was ich hörte, betraf indirekt auch meine Vergangenheit, die ich nicht mehr ändern kann, aber meine Zukunft schon.

Ich werde zuerst an meine Gesundheit und an das Wohl meiner Familie denken.

Den Menschen, die mich mental begleitet haben, werde ich auch in Zukunft offen und dankbar begegnen, gemäß dem Pilgersegen von Hebron:

Liebe sei dir das Licht der Hoffnung auf deinem Weg.
In deinem Herzen herrsche Frieden.
Güte sei das Siegel deines Lebens.
Der Glauben stärkt dich angesichts der Geschehnisse des Lebens.
Und wenn das Ziel erreicht ist, umarmt dich die Liebe alle Zeit.
Sei glücklich und mache deine Mitmenschen glücklich!
„Buen Camino"

Zu meiner Gesundheit hatte ich schon die ersten Ansätze unternommen.

Mein hochgeschätzter Hausarzt bescheinigte mir, nach dem Pilgern auf dem Jakobsweg, eine altersgerechte Gesundheit, ich solle dranbleiben.

Ich hatte bisher etwas Unglück in der Auswahl meiner Zahnärzte und pilgerte manchmal ohne Prothese, weil sie nicht passte.

Nach meiner Rückkehr habe ich ein unschlagbares Zahnarztteam gefunden, das mir schmerzfrei vier Implantate einsetzte.

Vor der Operation meinte der Zahnarzt, die Patientin ist ruhig und ausgeglichen. Daraufhin sagte die Schwester, sie ist den Jakobsweg gepilgert. Während der OP fragte mich der Arzt über den Jakobsweg aus. Ich konnte nur im Brustton, mit ja und nein, antworten.

Ich war in Gedanken wieder im Kloster Hebron, sah meine vielen Pilgerfreunde und das liebenswerte Gesicht des Pfarrers, als er mir seinen Schutzheiligen, „Sankt Antonius" übergab.

Nach der OP fragte mich der Arzt, „na, wie war's?"
Ich entgegnete ihm, „sehr schön!"

Nun habe ich mehr Lebensqualität.
Danke dafür an meine

„doctores favoritas"

Autorenvita

Groß, Carla-Maria

CM Groß, * 1949 in Dresden
Dipl. Verwaltungswirtin (FH
Ausbildung: Mechanikerin
Studium der Staats- und Rechtswissenschaften
Berufe: Bürgermeisterin,
Leiterin Abgeordnetenkabinett in Dresden,
verschiedene leitende Funktionen
und ehrenamtliche Landesvorsitzende des Unionhilfswerk Sachsen e.V.
Ausgezeichnet für ihr ehrenamtliches Engagement: "Dresdnerin des Jahres 2000",
vom Orden OESSM wurde sie zur "Dame de Grace" geweiht

2003/2004 Fernstudium "Kreatives Schreiben"
Hobbys: Camping, Filmbearbeitung und Malerei
Romane und Lyrik erschienen im Cornelia Goethe Literaturverlag Frankfurt, 2005 "Gehetzt in Kampf um die Wahrheit"
Folgende Bücher erschienen bei Bod:
"Dresden historischer Reiseführer", " Saxonia die erste deutsche Dampflokomotive",
"Die Dresdner Friedrichstadt auf alten Ansichtskarten", "Hunde - Geschichten", "Vittoria Colonna, spirituelle Geliebte von Michelangelo", "Abulis, krankhaft Willenlos",

“Saint Antonius, Kurhotel mit Herz” sowie “Detektiv und Kriminalromane ” unter (Karel Hruby) und E-Books.

CM Groß gibt Hilfe und Unterstützung für Hobbyautoren beim Schreiben und Illustrieren von Sach- und Kinderbüchern;
“Schwarzbuch der Zeitarbeit”, “Mehr als ein Kochbuch, eine Herausforderung für die Sinne”, “Mein Freund der Baum” sowie die Kinderbücher “Sonny und Freunde”, “Sonny der kleine Dinosaurier”, “Bärengeschichten”, “Familie Langohr in Not”, “Die Waschbärenfamilie wandert aus”, “Die Abenteuer des kleinen Marienkäfers Pinkti”, “Zwei Geschichten von roten Auto” uam.

Weitere Bücher von CM Groß:

“Hunde- Geschichten”

Amüsante Erlebnisse einer Hundedame und ihren Freunden mit den Zweibeinern

In diesem einfühlsam verfassten Buch erzählen Hundehalter wahre Begebenheiten aus dem Leben ihrer Hausgenossen. Die individuelle Eigenart eines jeden Tieres treten hervor und die einzelnen Stationen ihres Daseins werden, mal vom Herrchen, Frauchen oder ihren vierbeinigen Schützlingen bewegend und sachkundig dargestellt.
Für jeden Tierfreund ist dieses Buch ein hilfreicher Berater sowie willkommene Lektüre und Bestätigung, dass der Hund der beste Freund des Menschen ist.

“Dresden - Historischer Reiseführer”

Dresden kann man sich auf verschiedene Art und Weise nähern. Der wissenschaftlich exakte Historiker wird die Stadt anders beschreiben als der Künstler, Städtebauer, Reiseführer oder Tourist.

Der passionierten Dresden-Liebhaberin wird man es nicht verdenken, wenn sie dabei tief in die Sagenwelt, Legendenbildung und Anekdotenerzähler zurückgreift.

Das Fühlen und Denken der Menschen kann so lebendiger wiedergegeben werden als es die genaueste Geschichtsbetrachtung vermag.

Doch was dann zu Tage tritt ist erstaunlich: schöne und hässliche, traurige und frohe, nachdenkliche und amüsante, seltsame und wunderbare Bilder über Vergangenes. Und doch ist auch unsere Zeit heute voll von Wundern.

"Saxonia"- die erste deutsche Dampflokomotive war Metapher der Mairevolution 1849

Der König rühmte Professor Johann Andreas Schuberts Verdienste für das Land Sachsen; Revolutionierung der Dampfschiff-, Lokomotiven-, Maschinen- und Brückenbau, sowie die Einführung des Titels „Ingenieur" in Deutschland. Er charakterisierte ihn als einen verdienstvollen Vasallen, dessen einzige Verfehlung die Mitwirkung anlässlich der Mairevolution 1849 war.

An der Seite von Gottfried Semper, Richard Wagner und August Röckel kämpfte Johann Andreas Schubert als Kommandeur der Akademischen Legion auf den Barrikaden. Während Weber und Semper in die Schweiz flüchteten, blieb Schubert in Dresden.

Nach 19jähriger Ehe verstarb seine, Ehegefährtin, Florentine, Mutter zweier Kinder. Aus der zweiten Ehe mit Sophie Eben entstammen fünf Töchter.

Professor Schubert war eine Persönlichkeit, die es verstand Forschung, Lehre und Praxis zu verbinden.

CM Groß
Kurhotel mit Herz
Saint Antonius